Berger Str. 261, D-60385 Frankfurt/Main
Internet: www.roeschen-verlag.de
e-Mail: frankdemant59@yahoo.de

Fotos: Johannes Münz
Coverfoto: Gisa Nax
Umschlaggestaltung: coico Grafikdesign, Gaby Jungkeit
Lektorat: Stefanie Reimann
Satz: coico Grafikdesign, Gaby Jungkeit
Druck: Prisma-Druck, Saarbrücken
1. Auflage im Röschen-Verlag
(4. Auflage insgesamt)

Flohmarkt

Märkte - Menschen - Waren

Sebastian Münz

Röschen-Verlag
EDITION ROSALITA

Der Autor

Sebastian Münz, geb. 1973 in Mainz, diplomierter Wirtschaftsjurist (FH), ist seit 1988 regelmäßig als Käufer und Verkäufer auf Flohmärkten im gesamten Bundesgebiet unterwegs. Zahlreiche Zeitungsartikel und Fernsehauftritte als Flohmarkt-Experte steigerten seinen Bekanntheitsgrad. Lebt seit 1987 in Frankfurt/ Main.

Widmung: Denen, die nicht anders konsumieren können, und denen, die nicht anders konsumieren wollen.

Vorwort zur ersten Auflage, 2004

Flohmärkte bieten weit mehr als Nistplätze für das Kleingetier, dem sie ihren Namen verdanken. Von dieser Assoziation hat sich die Realität weit entfernt.

Ich möchte Sie an der Hand nehmen auf einer Reise durch Zeit und Welt, auf einen Trip durch Kulturen, Bevölkerungsschichten und Zeitgeist, vertraute und neue Ansichten, Gerüche und Klänge. In den letzten 20 Jahren habe ich gut und gerne 2.000 Flohmärkte besucht, kaufend wie verkaufend, bin dabei einige Tausend Kilometer gelaufen, vorbei an Hunderttausenden Ständen, Millionen Menschen und Abermillionen Sachen.

Die hierbei gewonnenen, zahlreichen Eindrücke und Kenntnisse will das vorliegende Buch Ihnen nahebringen.

Der erste Teil befasst sich, wie im Untertitel angekündigt, mit Märkten, Menschen und Waren. Ich gebe einen Überblick über verschiedene Typen von Märkten, Händler und Publikum und das Warenspektrum.

Der zweite, pragmatisch orientierte Teil enthält eine große Anzahl praktischer Tipps zu Kauf und Verkauf und eine kurze Philosophie des Handelns.

Vorwort zur vierten Auflage, 2008

Liebe Flohmarktfreundinnen und Flohmarktfreunde,

„Flohmarkt – Märkte, Menschen, Waren" hat zur nun vorliegenden vierten Auflage den Verlag gewechselt. Inhaltlich hat sich nichts geändert, außer dass natürlich neue Informationen und Passagen hinzugekommen sind. Einige neue, besonders aufschlussreiche Daten habe ich der sozialwissenschaftlichen Dissertation „Trödelmärkte" von Günter Winter, 1996, entnommen und auch als seine Erkenntnisse gekennzeichnet.

Die Fotografien im Mittelteil dieses Buches verdanke ich meinem Bruder Johannes Münz, der sie im Mai 2008 auf Berliner Flohmärkten aufgenommen hat. Leider hat das Druckbudget keine mehrfarbige Wiedergabe zugelassen – atmosphärisch sind sie allemal auch in Schwarz-Weiß.

Parallel zum vorliegenden „Flohmarkt – Märkte, Menschen, Waren" gibt es seit März 2008 von mir auch „Das schlaue Buch vom Flohmarkt – Was der Profi alles weiß", erschienen im Münchner Knesebeck Verlag. Es ist weniger umfangreich, dafür noch humoristischer geschrieben und durchgehend farbig im Retro-Stil gestaltet. Als Geschenkband eine sinnvolle, emotional ansprechende Alternative.

Alle Informationen zu beiden Büchern und mir sowie aktuelle Termine wie Lesungen, Rezensionen oder Interviews und einen Blog finden Sie im Internet auf der zuletzt aufwändig erweiterten, mehrfunktional nutzbaren Seite **www.flohmarktbuch.de**.

Viel Spaß beim Lesen und Trödeln wünscht weiterhin

Sebastian Münz

Inhaltsverzeichnis

1. Teil (Theorie): Märkte, Menschen, Waren

Märkte

„Flohmarkt" nennt sich eine Vielzahl grundverschiedener Märkte, die mit dem, was man sich darunter vorstellt oder dort sucht, nur teilweise etwas zu tun haben. Synonym für Flohmarkt wird auch der Begriff Trödelmarkt benutzt, wobei Trödel laut Duden „alte, wertlose Gegenstände oder Kram" meint. Dem „Trödel" fehlt die eher beklemmende Assoziation des Flohbisses. Zuweilen wird zwischen Floh- und Trödelmarkt auch ein qualitativer Unterschied zugunsten des Letzteren gemacht.

„Alt" erscheint in der Definition des Trödels schon einmal interessant, „wertlos" trifft auf die meisten Waren wohl kaum zu, sonst gäbe es den ganzen Handel und alles, was damit zusammenhängt, gar nicht.

Auf Antikmärkte, bei denen nur Ware aus der Zeit vor ca. 1920 (zu erheblichen Preisen) gehandelt werden darf, werde ich nicht näher eingehen, da sie sich von Flohmärkten in Publikum und Preisniveau zu sehr unterscheiden.

Auch Kunsthandwerksmärkte, Märkte bei Ethno- oder Rockfestivals und Spezialmärkte für z.B. Fotoapparate, Computer, Puppen, Bären, Uhren, Schmuck sollen an dieser Stelle nur der Vollständigkeit halber erwähnt werden. Apropos Spezialmärkte: auch hier gibt es nichts, was es nicht gibt. So zum Beispiel einen „XXL-Markt" mit Bekleidung für Vollschlanke oder einen „Zwillingsbasar" mit allem für doppelte Lottchen (und Lothars).

Garagen- und Hofflohmärkte finden nicht so häufig statt wie z.B. in den Vereinigten Staaten und sind mangels Veröffentlichung auch nur schwer in Erfahrung zu bringen. Dort gibt es regelrechte Garage Sale Suchmaschinen. Mancher sehr entwickelte, forsche Veranstalter eines Garagenflohmarktes hat es allerdings auch hier zu Lande schon gewagt, diesen in den großen Foren zu kommunizieren.

Stationäre, permanente Trödelhallen, die von einem Entrümpler oder, aufgeteilt in kleine Boxen, von mehreren Erwerbshändlern betrieben werden, leiden darunter, dass sich das Warenangebot nur schleppend erneuert, die vorhandene Ware schon häufig durchsucht wurde und außerdem verhältnismäßig teuer verkauft wird. Wegen ihrer festen Einrichtung zählen sie eher zu den Ladengeschäften als zu den Märkten. Ebenso wenig gehe ich näher ein auf Läden von Wohltätigkeitsorganisationen. Diese dienen einem edlen Zweck und werden in engagierter ehrenamtlicher Tätigkeit geführt, sind aber eben doch auch Läden und keine Märkte.

Flohmärkte im Sinne der nachfolgenden Ausführungen sind ambulante Märkte und bieten ein breites Spektrum vorwiegend gebrauchter, günstiger Waren, die gerne auch einmal alt oder wertvoll sein dürfen, was aber dort der Verkäufer nicht wissen sollte.

Anhand der verschiedenen **Veranstalter** und der **örtlichen Lage** lassen sich die Märkte recht gut voneinander unterscheiden: Floh- oder Trödelmärkte werden inzwischen in der überwiegenden Zahl von gewerblichen Veranstaltern organisiert, aber auch weiterhin von Vereinen, Kirchen, Bibliotheken und anderen nichtkommerziellen Anbietern.

Einige **Städte und Gemeinden** führen Flohmärkte nach wie vor unter eigener Regie, mit städtischem Personal, durch. Dem sind aber durch Personalabbau bei den Kommunen, die steigende Professionalisierung und schlicht die Vielzahl der inzwischen statt -findenden Märkte Grenzen gesetzt. Viele Marktbehörden sind daher dazu übergegangen, die Organisation und Durchführung gewerblichen Veranstaltern zu übertragen. Manche freilich gehen angesichts leerer Stadtsäckel auch schon wieder in die andere Richtung und versuchen, die nicht selten erst durch die gewerblichen Veranstalter groß gewordenen Märkte wieder in Eigenregie durchzuführen. Das stößt bei den genannten Unternehmen natürlich nicht auf Gegenliebe.

Kommunale und die größeren gewerblichen Veranstalter nutzen für ihre Märkte zumeist jahre-, wenn nicht jahrzehntelang eingeführte Innenstadtlagen oder landschaftlich reizvolle Stadtrandlagen. Auf diesen Märkten, die auch umfangreich veröffentlicht und beworben werden, findet man ein zahlreiches Stammpublikum und je nach touristischer Bedeutsamkeit der Stadt auch viel Laufpublikum und Tagesgäste, in der Summe Tausende Besucher pro Termin.

Die größeren Veranstalter operieren oft regional, teilweise sogar bundesweit, unter erheblichem personellem und organisatorischem Aufwand, vom Büropersonal bis zur Reinigungstruppe nach Marktende. An einigen Hundert Ständen werden pro Termin insgesamt Zigtausende Euro umgesetzt, und man findet, bei entsprechendem Suchen, das komplette Sortiment eines mittleren Kaufhauses. Das Warenspektrum ist hier am weitesten gefächert, es gibt ebenso professionelle Trödler und Antikhändler wie auch Privatleute, die den sozialen Aspekt eines Verkaufstages mit einem kleinen Nebenverdienst verbinden wollen.

Kunsthandwerk aus aller Welt wird dort von Angehörigen der repräsentierten Kultur feilgeboten, was eine urbane, kosmopolitische Atmosphäre schafft, die sich insbesondere im Sommer mit fremden Rhythmen zu einem regelrechten Urlaubsgefühl steigern kann.

Je nach Politik des Marktbetreibers werden auch **Neuwaren** angeboten, leider. Oft, aber nicht überall deutlich räumlich getrennt, wird dieser Teil des Marktes beherrscht von Importen aus Fernost.

Diese stehen in ihrer Plastikhaftigkeit und minderwertigen Qualität in genauem Kontrast zu dem, was das Flair des über die Zeiten Bestandenen ausmacht.

Ob Einwegfeuerzeuge und –kugelschreiber aus China oder billigste Textilien aus Bangladesh – diese Waren haben mit Trödel nur gemeinsam, dass sie günstig zu haben sind. Außerdem leisten sie der Ausbreitung von Sonderproduktionszonen in Asien Vorschub, in denen meist junge Arbeiter(innen) wie Sklaven gehalten werden.

Auch Werkzeuge, Schuhe oder Batterien sind hier zu nennen. Die Neuwaren auf Flohmärkten sind den umliegenden Einzelhändlern ein Dorn im Auge, disqualifizieren sich aber überwiegend selbst durch die schlechte Qualität.

Wenn der Anteil an Neuwaren ein gewisses Maß erreicht, kann man fast schon nicht mehr von einem Floh- oder Trödelmarkt sprechen. Es ergibt sich dann eine **Mischform** aus Wochenmarkt (manchmal auch unter Beteiligung von Obst- und Gemüseständen) und Flohmarkt. Angesichts der Unterschiedlichkeit der Bedürfnisse, die auf den verschiedenen Märkten gestillt werden, eine etwas irritierende Mischung, die zumindest räumlich getrennt bleiben sollte.

Die Enttäuschung, die man erfährt, wenn man einen solchen Markt, angekündigt als Floh- oder Trödelmarkt, besucht, liegt auf der Hand: Man sucht schöne Dinge, die man mit der eigenen Vergangenheit in Verbindung bringt, und trifft auf einen großen Haufen Ramsch.

Clevere Veranstalter bezeichnen ihre Märkte aus den genannten Gründen teilweise schon als „Amateur-" oder „Privatflohmärkte", um so die Rückkehr zu den Wurzeln zu signalisieren.

Ähnlich unattraktiv wie Neuwaren schlechter Qualität, aber wenigstens ein bisschen alt sind lumpenähnliche Reste aus der **Altkleidersammlung**, die lauthals für einen oder wenige Euro feilgeboten werden. Woher diese kommen, Recycling allgemein und der soziale Aspekt des Flohmarktes werden an den entsprechenden Stellen noch erörtert.

Auch einige Entrümpler, die Haushalte auflösen, sind anzutreffen. Deren Angebot umfasst alles, was in den Wohnungen gefunden wurde, meist chaotisch in Bananenkisten aufgefahren, aber auch der Präsentation entsprechend billig zu haben.

Die größeren Märkte der gewerblichen Veranstalter stellen das **„kompletteste" Modell** von Flohmarkt dar und sind immer gut, um einen interessanten Vormittag zu verbringen. Auf sie beziehe ich mich auch in den folgenden Kapiteln, wenn ich nicht ausdrücklich auf einen anderen Markttyp bezogen formuliere.

Kleinere oder neue gewerbliche Veranstalter sind mangels Finanzkraft oder einfach, weil die besten Flächen schon verpachtet sind, gezwungen, auf Randlagen auszuweichen. Oft siedeln sie sich auf Parkplätzen von Bau- oder Lebensmittelmärkten an Ausfallstrassen an - bonjour tristesse! Hier von Flair zu reden wäre anmaßend.

Bereits die äußeren Umstände weisen darauf hin, dass hier eher die Waren der Grundsicherung zur Bedarfsdeckung angeboten werden. So beschränkt sich die Auswahl auch weitgehend auf die erwähnte Neuware und die Ergebnisse von Haushaltsauflösungen und Rundfahrten in Sperrmüllgebieten. Bereits hier sei aber gesagt, dass eigentlich alles seinen Käufer findet, man muss es nur billig genug anbieten.

Die geringe örtliche Attraktivität bringt mit sich, dass sich hier auf Käufer- wie auf Verkäuferseite Menschen mit sehr handfesten, trivialen Bedürfnissen versammeln, und die kulturell interessante Seite des Marktes weitgehend ausbleibt. Oft haben die kleineren Veranstalter selbst einen Stand mit eigenem Trödel auf dem Markt und gehen persönlich durch die Reihen, um die Standmiete einzusammeln. Hierbei soll es auch schon vorgekommen sein, dass sich jemand nur als Veranstalter ausgab. Wenn Ihnen die Berechtigung der Person zum Kassieren zweifelhaft erscheint, lassen Sie denjenigen sich legitimieren.

Ich kann mich immer seltener aufraffen, diese Art von Märkten zu besuchen, weil man, zudem angesichts der längeren Anfahrt, häufig enttäuscht sein wird. Eine Ausnahme stellen vielleicht Tage mit ausgesucht schönem Wetter dar, wenn sich zum Verkauf unter die üblichen ansässigen Ramscher auch ein paar Privatleute aus der Umgebung mischen. Erreicht ein Flohmarkt der beschriebenen Art über die Zeit eine gewisse Größe, so wird auch das Warenangebot wieder interessanter, denn er wird auch für Anbieter anspruchsvollerer Dinge attraktiv.

Die Flohmärkte von **Vereinen** finden in deren Räumlichkeiten statt. Das Warenangebot erschließt sich aus dem Zweck, zu dem sich der Verein zusammengeschlossen hat (Ski und Snowboard, deutsch-japanische Freundschaft, Pflege des Glasdesigns etc.). Darüber hinaus gibt es für gewöhnlich auch alles, was die Vereinsmitglieder daheim nicht mehr brauchen.

Hier steht nicht der Profit im Vordergrund, sondern die wechselseitige Bestärkung in der Faszination für die Objekte des Interesses und ausgiebige Fachsimpeleien. Diese Flohmärkte finden verstärkt saisonal statt, je nachdem, wann und wo die vom Verein verfolgten Zwecke praktiziert werden, im Frühling oder im Herbst. Oft ist eine liebevoll zusammengetragene Gastronomie angeschlossen, die die familiäre Atmosphäre noch unterstreicht.

Der lokale Vereinsdrache, zumeist weiblich und zwischen Anfang fünfzig und Ende sechzig, überwacht rigoros, dass auch ja niemand vor dem angekündigten Zeitpunkt die geheiligten Hallen penetriert. Unangenehm einerseits, da hier Macht im Kleinen ausgespielt wird, fürsorglich zum anderen, um den eigenen Schäfchen einen ungestörten Aufbau zu gewährleisten.

Eine sehr angenehme Atmosphäre herrscht auf Flohmärkten, die im Zusammenhang mit einem **Straßen- oder Stadtteilfest** veranstaltet werden. Die Bewohner der Gegend öffnen Küche und Keller, bieten ihre überzähligen Habseligkeiten feil und es ergibt sich immer die Gelegenheit zu einem Schwätzchen am Rande. Man bekommt mittels der angebotenen Waren einen direkten Einblick ins Alltagsleben der Bewohner. Es verkaufen fast ausschließlich Privatleute, Waren des täglichen Bedarfs, und man ist frei von Störungen durch Neuwarenstände. Diese Verbindung von Straßenfest und Bürgerflohmarkt vor der eigenen Haustür ist sehr beliebt und verbreitet in Belgien und den Niederlanden. Eigentlich die „reinste" Form von Privatverkauf, an der dann noch nicht einmal ein Veranstalter etwas verdient.

Kirchen veranstalten oft Spezialflohmärkte für Kinderbekleidung und Spielsachen. Hier können junge Familien bei der Ausstaffierung des Nachwuchses viel Geld sparen. Ist der Zweck nicht so genau definiert, gesellen sich hierzu Gegenstände des Hausrats, Küchenartikel, Glas, Porzellan und Bücher. Je nach dem Wohnviertel der Gemeinde finden sich hier teilweise auch schöne Erbstücke, Silber und wertvolle Gedecke zu interessanten Preisen.

In letzter Zeit werde ich allerdings den Eindruck nicht los, dass in vielen Gemeinden vor dem Verkaufstag eine fachkundige Person den Bestand durchgesehen hat, denn die Highlights auf den Kirchenmärkten waren früher reichlicher gesät. Sofern der Erlös aus dem rentableren, anderweitigen Verkauf der Schätze dem Zweck des Basars zugute kommt, ist hiergegen im Prinzip auch nichts einzuwenden.

Falls der Flohmarkt zu einem guten Zweck veranstaltet wird, dem die Einnahmen zufließen, sollte man den Versuch zu handeln tunlichst unterlassen. Ansonsten droht einem schnell ein vernichtender Blick eines (zu Recht) indignierten Kirchenvorstandsmitglieds, das für solch weltlichen Geiz überhaupt kein Verständnis aufbringt.

Bücherflohmärkte der öffentlichen Bibliotheken finden während deren Öffnungszeiten statt und zeichnen sich durch alte Auflagen und durch häufige Ausleihe abgegriffene Schmöker aus. Dafür werden dort aber auch nur sehr niedrige Preise gefordert.

Fast alle Flohmärkte finden derzeit (noch) am **Wochenende** statt. Für Flohmarktfans gibt es angesichts der zahlreichen Sonntagsmärkte überhaupt keinen Laden- oder Marktschluss mehr. Der Markt überbrückt den Ladenschluss von Samstagabend bis Montag früh. In manchen katholischen, süddeutschen Landstrichen allerdings berufen sich die Ordnungsbehörden noch heute auf die Sonntagsruhe und Zeit für den Kirchgang, weshalb dort die sonntäglichen Märkte einen schweren oder im Zweifel gar keinen Stand haben.

Die ersten Veranstalter versuchen es mit ihren Märkten bereits unter der Woche, wenn auch noch mit vergleichsweise kleinen Umsätzen und Besucherzahlen. Auch die Verlagerung in die arbeitsfreien Abendstunden ändert hieran nicht viel.

Die fortschreitenden Veränderungen der Arbeitswelt, zunehmende Möglichkeit, am Wochenende zu arbeiten und dafür unter der Woche frei zu machen, werden hier auf Dauer wahrscheinlich zu einer gewissen Aufweichung führen. Ohnehin handelt es sich bei Flohmarktverkäufern nicht selten um (zumindest Neben-) Erwerbshändler, die sich auf dem Flohmarkt bei der Arbeit befinden.

Fürs Erste aber werden die Wochenendmärkte die größeren und attraktiveren Märkte bleiben. Sie sind nicht zuletzt auch dadurch interessanter, dass viele klassisch von Montag bis Freitag Berufstätige nur am Wochenende verkaufen gehen können und ihre Waren somit den Märkten unter der Woche vorenthalten bleiben. Ebenso wenig können sie unter der Woche auf Käuferseite mit ihrer Kaufkraft zu lohnenswerten Umsätzen beitragen.

Für das private, berufstätige Publikum am interessantesten sind die Märkte an Sonn- und Feiertagen. Der Samstag ist bei den meisten für die Erledigung der notwendigen Einkäufe wie Lebensmittel reserviert. Hingegen bestehen Sonn- und Feiertage rein aus Freizeit, die auch gerne auf dem Flohmarkt verbracht wird.

Flohmarkt ist heute deutschlandweit unter den beliebtesten Hobbys auf einem der vorderen Plätze zu finden. Dank der im Vorwort zu dieser Auflage erwähnten Dissertation von Günter Winter, die ich leider erst jetzt auf verschlungenen Pfaden zu fassen bekam, kann ich diese Dimension jetzt auch mit sozialwissenschaftlich erforschten Zahlen belegen. Wer sich für diese Arbeit interessiert, kann sie anhand der Lesetipps im Anhang recherchieren.

Laut Winter (S. 203), der diese Daten in Duisburg erhoben hat, gehen ziemlich genau 10% der Bevölkerung, also hochgerechnet auf Deutschland 8 Millionen, stolze 2-3 Mal pro Monat auf Trödelmärkte und können somit (in meinen eigenen Worten) zum echten Kernbestand der Fangemeinde gezählt werden.

Weitere 40%, also über 30 Millionen Menschen, besuchen mindestens einmal pro Jahr einen Trödelmarkt. Diese beeindruckende Zahl würde ich als Sympathisanten bezeichnen wollen.

Große Höhepunkte im Veranstaltungskalender stellen Flohmärkte dar, die nur ein- bis zweimal jährlich in Verbindung mit einem historischen Fest oder einem verkaufsoffenen Sonntag veranstaltet werden. Durch den hohen Anteil von Privatleuten unter den Verkäufern ergeben sich vielfältige Schnäppchen.

Je nach Stadtmarketing und Informationspolitik der Kommune

sind solche Termine nicht immer leicht mitzubekommen, also: Augen und Ohren offen halten, oder, wie es mein schreibender Kollege und neuerdings auch Verleger Frank Demant in seinen Sachsenhausen-Krimis auf Hessisch auszudrücken pflegt: Immer horsche, immer gugge ...

Interessante Flohmärkte sind in gewisser Hinsicht ein sehr **städtisches Phänomen.** Zum einen setzen Artikel einigen kulturellen Anspruchs und eines entsprechenden Preises eine hinreichend große Anzahl potentieller Käufer voraus. Zum anderen stellt sich das Sozialgefüge in dörflichen Gegenden als sehr viel starrer und transparenter dar. Diese soziale Kontrolle verhindert das Einfließen interessanter Ware auf den Flohmarkt. Die Honoratioren der Kleinstadt dürfen sich nämlich aus Imagegründen nicht auf dem Flohmarkt sehen lassen, der hier noch viel mehr unter seinem Armutsaspekt gesehen wird.

Anscheinend schämen sich einige Leute nach wie vor, auf dem Flohmarkt einzukaufen. Mit der zunehmenden Akzeptanz der Discounter im Lebensmittelbereich und dem allgemeinen Trend zum günstigen Einkauf schwinden diese Berührungsängste aber zum Glück zusehends.

Etwas anderes ist es natürlich auch, wenn der Flohmarkt unter der Schirmherrschaft einer anerkannten (meist religiösen oder sozialen) Institution oder Autorität steht. Solcherlei Veranstalter enthebt den Handel dem Ruch der Unterschicht und ruft demonstratives Gutmenschentum auf den Plan. Die verkaufte Ware ist natürlich immer dieselbe.

Andererseits erschließt die höhere **Sesshaftigkeit** der Leute in kleinstädtischen und dörflichen Gegenden den Zugang zu Dingen, die über mehrere Generationen in Haus und Hof angesammelt wurden.

Der moderne, nomadisierende Manager oder zu räumlicher

Flexibilität gezwungene Angestellte in der großstädtischen Mietwohnung kann es sich gar nicht leisten, große Besitztümer anzuhäufen.

Seit einigen Jahren hat sich im Internet das Auktionshaus **eBay** etabliert, das im Grunde auch einen riesigen virtuellen Flohmarkt bietet. Mir persönlich ist der physische Gang auf den Flohmarkt aus einigen Gründen nach wie vor lieber.

Zunächst kann man die Ware auf dem realen Flohmarkt anfassen, drehen, wenden, schütteln, kurz: nach Fehlern absuchen und im Zweifel lieber stehen lassen. Sollte einem doch mal ein „fauler" Artikel unterkommen, kann man zumindest ohne größeren Aufwand versuchen, ihn zurückzugeben. Wenn man von der Qualität und dem Zustand des Objektes der Begierde überzeugt ist, kann man es auf dem realen Flohmarkt auch **sofort mitnehmen**. Ein nicht zu unterschätzender Lustgewinn: drei, zwei, eins – meins, und zwar direkt und unmittelbar!

Außerdem kann man sich bei eBay von vorneherein nicht sicher sein, ob man nicht im letzten Moment doch noch von einem der vielen mitbietenden Konkurrenten überboten wird und einem der begehrte Artikel entgeht. Das kann einem auf dem Flohmarkt nicht passieren. Man stelle sich vor, an einem Flohmarktstand überböten sich die Leute permanent gegenseitig. Ich jedenfalls habe diese Situation noch nicht erlebt.

Hat man die Ware dann doch endlich ergattert, und ist sie im Prinzip fehlerfrei, kann es bei einem Kauf über eBay immer noch zu einer Beschädigung während des Transportes kommen. Selbst wenn man sich hiergegen versichern kann, bringen Klärung und Abwicklung eines solchen Schadens viel Aufwand und Ärger mit sich. Noch schlimmer ist es natürlich, wenn man einem Betrüger aufsitzt und überhaupt keine Ware erhält – auf dem Flohmarkt soll erst mal jemand versuchen, einem Luft zu verkaufen!

Als Verkäufer riskiert man bei eBay, dass sich nicht genügend kaufwillige Mitbieter an der Auktion beteiligen und man den Artikel im Endeffekt viel **billiger abgeben** muss als für den gewünschten Preis. Man hat zwar die Möglichkeit, ein Mindestgebot zu definieren. Die meisten Artikel beginnen allerdings bei einem Euro, und wer das Startgebot zu hoch ansetzt, ist von vorneherein unattraktiv. Höhere Startpreise bedingen noch dazu Einstellgebühren. Jemanden in seinem Auftrag mitbieten zu lassen, um den Preis in die Höhe zu treiben, ist aufwendige Koordinationsarbeit und außerdem verboten.

Der direkte **zwischenmenschliche Kontakt** beim Handel mit all seinen interessanten Facetten findet natürlich auch nicht statt.

Der Flohmarkt ist mangels technischer und Bildungshürden auch das wirkliche Vergnügen für Jedermann, wohingegen der Zugang zu eBay Computer, Internetanschluss und ein wenig Einarbeitung verlangt.

Das **Preisniveau** erscheint mir aus meiner eigenen Erfahrung etwa dem auf Flohmärkten vergleichbar. Das kann man sich auch für den Flohmarkt zunutze machen. Wenn man sich nicht sicher ist, wie viel man für etwas auf dem Flohmarkt verlangen kann oder bezahlen will, eignet sich eBay hervorragend, um einen realistischen Preis zu finden. Achten Sie darauf, möglichst die Endpreise schon beendeter Auktionen zum Maßstab zu nehmen, denn die Preise aus den Frühstadien einer Versteigerung sind generell zu niedrig.

Zum Abruf der Endpreise von Auktionen müssen Sie sich zunächst als Mitglied registrieren und können dann über die „erweiterte Suche“ die Checkbox „nur beendete Angebote“ anklicken. Sie erhalten dann eine Liste der in der letzten Zeit angebotenen Artikel mitsamt den erzielten Verkaufspreisen.

Wenn Sie etwas verkaufen wollen und nicht wissen, wie viel

Sie dafür verlangen können, können Sie mir auch über meine Webseite ein Digitalbild und eine kurze Beschreibung prägnanter Eigenschaften zukommen lassen. Sofern ich mich damit auskenne, werde ich Ihnen nach bestem Wissen und Gewissen meinen Preistipp mitteilen.

Nicht zuletzt spielt bei meinen Vorbehalten gegenüber eBay wohl auch mein **Selbsterhaltungstrieb** gegen die Suchtgefahr eine Rolle: Würde ich mich eBay mit der gleichen Hingabe widmen wie meinen mehreren Flohmärkten pro Woche, könnte das Formen annehmen, die meine sonstige Lebensführung zu beeinträchtigen drohten.

Wahrscheinlich wird sich die Koexistenz von Flohmärkten und eBay weiter entwickeln wie diejenige von konventionellen Medien und Internet, und beide werden auf Dauer nebeneinander ähnliche Bedürfnisse auf verschiedenen Wegen befriedigen.

In letzter Zeit mehrt sich die Zahl derer, die beide Schauplätze bei ihrem Handel aufsuchen: Flohmärkte zum (günstigen) Ankauf und das zahlenmäßig größere eBay-Publikum zum gewinnbringenden Weiterverkauf. Als **Faustregel** lässt sich sagen, dass auf eBay solche Artikel besonders gut laufen, die per Markenname, Material oder Künstler eindeutig in ihrer Qualität beschreibbar sind (ohne dass die potentiellen Käufer sie direkt anfassen können müssen).

Für Artikel, deren Qualitätsmerkmale nicht ohne Weiteres verlässlich beschreibbar sind, habe ich in der Regel auf dem Flohmarkt höhere Preise erzielen können. Zu bedenken ist auch immer, dass bei einem Versand in der Regel mindestens 4 € Porto anfallen, die sich bei nicht so hochpreisigen Artikeln direkt auf den effektiven Verkaufspreis niederschlagen. Wenn man eine Vase für 2 € verkauft, hat man selbst nichts davon, wenn der Käufer inklusive Porto 6 € bezahlt.

Vielleicht kann eBay ja unter anderem auch dazu beitragen, den Erwerb von gebrauchten Artikeln auch für andere Dinge als Autos normaler werden zu lassen, und somit den Leuten auch die Scham nehmen, auf dem Flohmarkt Dinge zu erwerben, die schon jemand anderes vor ihnen genutzt hat.

11 07
DIGITAL UHREN RADIO
MAUTHE
SYNCHRON
Repeto

Menschen

a) Publikum

Der überwiegende Teil des Flohmarktpublikums verhält sich deutlich nach den evolutionären Verhaltensmustern der Jäger und Sammler. Daneben gibt es auch Flaneure, deren Flohmarkterlebnis hauptsächlich im Sehen und Gesehen werden besteht.

Die **Jäger** jagen dem besten Schnäppchen hinterher, sind immer auf der Suche nach etwas Besonderem, das aber bitte schön für kleines Geld. Sie durchwühlen jede noch so unappetitliche Umzugskiste voller Tand und scharren aus deren Untiefen die erstaunlichsten Funde hervor. Bestimmte Gegenstände des alltäglichen Bedarfs sollte man aber nur jagen, wenn sie nicht zu ausgefallen sind, es sei denn, man kann darauf warten. Das ist etwas für den echsenähnlichen Jäger, der von einem guten Fang lange zehrt.

Braucht man zum Beispiel einen Staubsauger, wird man ihn mit etwas Kenntnis der örtlichen Flohmärkte schnell finden. Handelt es sich hingegen um etwas Ausgefalleneres, sollte man sich den Frust der wochenlangen Suche ersparen und zähneknirschend dem Fachhändler seines Vertrauens den üblichen Ladenpreis aushändigen.

Den ausgeprägtesten Jagdinstinkt legen Weiterverkäufer an den Tag, die des Morgens, noch vor dem Aufbau ihrer eigenen Stände, Jagd auf die Ware ahnungsloser Gelegenheitsverkäufer machen, um sie noch am gleichen Tag Gewinn bringend weiterzuverkaufen. Dabei verletzten sie oft das Territorium des im Aufbau Befindlichen, indem sie seine Sachen noch im Auto oder spätestens in den Kisten durchforsten. Manchmal wird dann der Jäger zum Gejagten.

Die Jagd auf dem Flohmarkt **erfüllt Wünsche unmittel-**

bar, ohne den üblicherweise notwendigen Aufschub der Triebbefriedigung. Anstatt auf ein hochwertiges Konsumgut Wochen oder Monate lang zu sparen, kann man sich aufgrund des niedrigen Preisniveaus auch bei geringeren Einkünften viel öfter viel mehr leisten. Man muss nur ein geringes Opfer darbringen und nicht lange hin- und herüberlegen, ob man bereit ist, sich von seinem hart erarbeiteten Lohn zu trennen.

Ich stelle mir das gerne ganz plastisch derart vor, dass eigentlich über dem Flohmarkt ein großes Transparent hängen müsste: „Heute alles 80-90% billiger". Eigentlich verwunderlich, dass nicht schon viel mehr Leute auf den Trichter gekommen sind, auf dem Flohmarkt einzukaufen, oder?

Die unmittelbare Triebbefriedigung ist besonders gut zu beobachten an Ständen, die ihr Angebot als Wühl- oder Grabbeltisch darbieten. Zum Auftritt kommt der **ewige Konsument**, der sich in seinem Streben säuglingsgleich am liebsten die ganze Welt einverleiben würde und mit der dargebotenen Ware schon einmal anfängt.

Die andere Gruppe, die **Sammler,** haben sich auf eine spezifische Warengruppe festgelegt und suchen gezielt zur Vervollkommnung ihrer Sammlung. Sie sind eher die Spezialisten, die ihre Kleinodien an bestimmten Ständen suchen und notfalls auch bereit sind, etwas mehr für den ideellen Wert hinzulegen.

Zu den klassischen Sammelobjekten wie Briefmarken, Münzen, Modelleisenbahnen, Glas, Porzellan, Schallplatten, CDs oder Puppen gesellen sich von Zeit zu Zeit neue, künstlich geschaffene Trends. Diese überleben sich aber über kurz oder lang von selbst, wie es dem Trend nun einmal so eigen ist.

Das kann mitunter abstruse Formen annehmen, etwa wenn durch künstliche Knappheit in der Produktion verteuerte Industriewaren zum Sammelobjekt werden. So zum Beispiel Inhalte von Überraschungseiern, die Preise erzielen, die in keinem

Verhältnis zur Ware stehen. Diese ist nämlich weder alt noch aus wertvollem Material hergestellt, sondern einfach nur durch geschicktes Marketing ins Bewusstsein der Leute gedrängt worden. Wir sprechen hier übrigens nicht von Kindern oder Jugendlichen, sondern äußerlich erwachsenen Menschen.

Eine geradezu traurige Verkörperung all solcher Irrungen sah ich einmal inseriert in Form einer Börse für Überraschungs-Ei-Figuren, Brauereitrucks und Tradingcards. Wenigstens nannte diese sich dann korrekterweise nicht mehr Flohmarkt.

Während die Sammler, gemessen am gesamten Warenspektrum, eher „in die Tiefe" sammeln, also ihren Konsum immer profunder ausdifferenzieren, legen es die Jäger darauf an, die Gesamtheit und davon besonders die Extreme, die Randbereiche ihres Konsums zu erweitern. Sammler sind die Spezialisten, Jäger die Generalisten unter den Flohmarktbesuchern.

Ich selbst zähle mich eher zu den Jägern. Mein Lieblingsbuch zu Grundschulzeiten war ein großformatiges Bilderbuch über versunkene Piratenschätze weltweit, mit Angabe des ungefähren Havarieortes, der vermuteten Beute und so weiter. Im Grunde habe ich mich, wenn auch einige Stufen heruntergebrochen, auf den Flohmärkten auf die Jagd nach den Piratenschätzen meiner Kindheit begeben.

Wäre ich ein Sammler, hätte ich vielleicht ein Buch geschrieben über Hutnadeln der K. u. K. Monarchie im späten 19. Jahrhundert oder die Detailgetreue der VW-Käfer Modelle bei verschiedenen Herstellern.

Sammler können sich, einmal in Fahrt gekommen, in stundenlangen **Fachsimpeleien** über ihre Lieblinge ergehen. Ihre Suche geht auch bei der Kommunikation mehr in die Tiefe als in die Breite. Natürlich bin auch ich über die Zeit nicht ganz davon frei geblieben, Vorlieben für bestimmte Artikel zu entwickeln.

Ich sammle dreierlei: Holzschalen, am liebsten recht archaisch anmutend. Fotoalben, und zwar entweder alte oder mit künstlerischem Papier eingebundene, in die ich dann meine eigenen, aktuellen Fotos einklebe. Last but not least Kaffeebecher, die ganz schlichte, zylindrische Form (im Englischen „mugs" genannt) mit poppigen oder grafischen Aufdrucken.

Jagen und Sammeln sind langwierige Prozesse mit einem großen, unerreichbaren Ziel. Eigentlich hört keines von beiden jemals auf. Es wäre auch schlimm, erreichte man jemals den perfekten Endzustand. Wie auch sonst im Leben ist der Weg selbst das Ziel.

An dieser Stelle noch eine Warnung an die Jäger, vor allem aber an die Sammler: Der Unterschied von **Suche zu Sucht** ist nicht nur im Wort ein geringer! Und um noch einen draufzusetzen: Sucht kommt noch nicht einmal von „suchen", sondern von „siechen"! Ich habe über die Zeit von den absonderlichsten Auswüchsen gehört. Die herausragendsten waren: 130.000 Schallplatten, 40.000 Bücher oder auch 20.000 Modellautos. Bei allem Respekt und auch wenn Goethe das Wort prägte, Sammler seien „glückliche Menschen" - irgendwann verselbständigt sich der Sammeltrieb und kann den, der sich ihm hingibt, übel versklaven! Nicht wenige meiner Bekannten mieten extra Garagen, Schuppen oder ganze Wohnungen an, um ihren Krempel aus dem eigentlichen Wohnraum herauszuhalten.

Die **Flaneure** zeigen sich im Tagesverlauf am spätesten. Ihnen kommt es ja auch nicht auf eine möglichst komplette Auswahl mit den besten Schnäppchen an, sondern auf ein möglichst zahlreiches Publikum. Für so manchen Exzentriker stellt das Flohmarktpublikum eine willkommene, da selbst bunt gemischte Kulisse dar.

Die Atmosphäre des Skurrilen, die einen guten Flohmarkt umgibt, zieht allerlei Paradiesvögel geradezu magisch an. Der circensisch anmutende Untertitel dieses Buches ist insofern kein Zufall.

Flaneure sind bei Händlern nicht sehr beliebt, da sie prinzipiell nicht am Kauf interessiert sind und es schon frustrieren kann, wenn ein Markt eigentlich gut besucht ist, der Umsatz aber nicht stimmt.

Was aber treibt die Menschen, Jäger wie Sammler und Flaneure, in Scharen auf die allwöchentlichen Märkte? Welche tieferen Zusammenhänge lassen einen diese immer wieder aufsuchen?

Der Flohmarkt und die gehandelte Ware weisen nahezu **alle Elemente eines Kultes und eines Kultobjektes** auf, wie sie zum Beispiel Klaus Schmeh in seinem beachtenswerten Buch „Der Kultfaktor" auf S. 13ff. aufzählt. **Kulte** definieren sich ihm zufolge durch eine Verehrung, die nach rationalen Gesichtspunkten nicht gerechtfertigt ist. Diese Verehrung soll aktiv sein, ein Massenphänomen, dauerhaft betrieben werden und sich von einer Religion abgrenzen lassen. Stimmt.

Das **Kultobjekt** ist schrill, unkonventionell, dauerhaft, hochwertig und mit einem Lebensstil verbunden (Schmeh, S. 15). Na, wenn das keine Beschreibung der meisten interessanten Flohmarktartikel ist, weiß ich es aber auch nicht mehr...

Psychologisch betrachtet befinden sich die Fans auf dem Flohmarkt in ihrem Element. Ihre ganze Konzentration richtet sich auf den nächsten Fund. Dies ist ein sehr befriedigender Zustand, den Glücksforscher als **„Flow"** bezeichnen.

Die Alltagssorgen, alle unangenehmen Pflichten und Aufgaben treten für die Dauer des Marktes in den Hintergrund. Die Menschen, die Ware und die noch größere Anzahl der hervorgerufenen Assoziationen lassen einem überhaupt keine Zeit und keinen

Raum für anders gelagerte Gedanken. Andere erreichen diese Zustand beim Windhundrennen, beim Schach oder beim Modellbau, ich (Sie auch?) eben auf dem Flohmarkt.

Der Flohmarkt bietet in Zeiten, da sich die Welt immer komplexer und dem Einzelnen immer weniger überschaubar und beherrschbar darstellt, ein simpleres Refugium mit geringen Einsätzen, größtenteils einfachen Regeln und hohem emotionalem Potenzial. Günter Winter führt es treffend aus (S.49): „Das Individuum ist heutzutage aufgrund der Fülle des vorhandenen Wissensstoffes, der täglich weiter wächst, nicht mehr in der Lage, sich der objektiven Kultur zu nähern und aus diesem Grund vergrößert sich die Distanz zwischen objektiver und subjektiver Kultur ständig. (...) Des Weiteren sind die meisten Menschen an offiziellen Kulturgutbestimmungsprozessen nicht beteiligt, da die formale Bestimmung dessen, was als Kulturgut zu werten ist, üblicherweise in den Händen weniger liegt. Hieraus ergibt sich ein gewisses Maß an Entpersönlichung für den Einzelnen, welches in den Assoziationen der privaten Öffentlichkeit (hierzu zählt sozialwissenschaftlich auch der Flohmarkt, Anm. Münz) Kompensationsmöglichkeiten bietet."

Natürlich befriedigt auch die Tatsache, sich die eigenen materiellen Wünsche **weit unter Neupreis** erfüllen zu können, ungemein. Ein Bekannter fragte mich einmal, als er meine Wohnung das erste Mal betrat, ob ich Millionär sei. Vielleicht bin ich es in italienischen Lire, wahrscheinlich bin ich es in türkischer Lira gemessen. Abgesehen davon arbeite ich im Angestelltenverhältnis und trage nur ein durchschnittliches Monatseinkommen nach Hause.

Allerdings lässt sich dieses durch geschickten Konsum subjektiv vermehren. Ein paar Beispiele jüngerer, erfolgreicher Erwerbungen: ein komplettes Service (12-fach) von Rosenthal, neu, für 40 Euro; ein sehr dekoratives, vier Quadratmeter großes

Kuhfell in drei Farben für 25 Euro, ein Maria-Theresia-Lüster, fünfflammig, für 40 Euro erworben, und ein Nussbaumstuhl der vorletzten Jahrhundertwende, original gepolstert, in perfektem Zustand, für 35 Euro.

Im Frühjahr und im Herbst trage ich nahezu täglich einen meiner Burberry-Trenchcoats, einer in beige, der andere dunkelblau. Neu schlägt jeder dieser Klassiker mit ca. 800 Euro zu Buche; ich habe die beiden für 25 Mark bzw. 15 Euro erworben. Die meisten unter uns machen sich viele Gedanken, wie sie ihren Verdienst steigern können: Beförderung, Überstunden, Nebenjob ... Dabei ist es viel einfacher und effizienter, die Schraube auf der **Ausgabenseite** anzuziehen, wie die vorgenannten Beispiele beweisen.

Zuletzt erwarb ich einen zweiten Lüster für sage und schreibe 7 (in Worten: sieben!) Euro. Mit der Zeit kann sich so eine gewisse Gewöhnung an niedrigste Preise, quasi eine **Spirale nach unten**, ergeben. Hat man einmal einen sensationellen Tiefstpreis gezahlt, wird man sich in Zukunft schwerer tun, wieder mehr für einen vergleichbaren Artikel zu zahlen.

Es handelt sich um eine Art doppelter **Optimierung**: Produkte, die in aufwändigen und daher überholten Verfahren und Qualität produziert wurden, zu einem Preis, der einen Bruchteil des aktuellen Preises vergleichbarer Güter beträgt. Ich persönlich habe deswegen aber keineswegs weniger Respekt vor der Qualität der Dinge. Im Gegenteil, ich freue mich, diese so unglaublich günstig erworben zu haben.

Man könnte es fast bescheiden nennen, wenn da nicht auf der anderen Seite das Verlangen wäre, alles mehr scheinen lassen zu wollen, als tatsächlich vorhanden ist. Letztendlich aber kann ich mir auch dieses Paradoxon als allzu menschlich nachsehen.

Genauso, wie man auf der einen Seite den Preis immer weiter zu optimieren sucht, steigen auf der anderen Seite die Ansprüche an die Qualität der Waren. Konsequenterweise muss diese Selektion eigentlich auf dem Antikmarkt enden, denn hier befinden sich die klassisch schönen, im Material edlen und beständigen Artikel, die aus genau diesen Gründen über die Zeit aufgehoben wurden. Allerdings bekommt man hier ein Problem mit dem anderen Parameter, nämlich dem günstigen Erwerb ...

Grob überschlagen habe ich in den letzten 20 Jahren mit meinen bescheidenen Mitteln als Schüler, Student und Angestellter Waren im Neuwert von **über 150.000 Euro** auf dem Flohmarkt gekauft. Bezahlt habe ich ungefähr 20.000 Euro. Die hätten im Handel noch nicht einmal für die Mehrwertsteuer gereicht. Verkauft haben dürfte ich in der gleichen Zeitspanne Waren zum Flohmarktpreis von insgesamt etwa 30.000 Euro. Ich habe also neben dem Erwerb vieler schöner Dinge und unzähliger Erfahrungen sogar noch einen kleinen Überschuss in meinem „Kampf" mit dem Flohmarkt erwirtschaften können.

Ein bisschen komme ich mir auf dem Flohmarkt immer vor wie zu Zeiten des Ostblocks mit Westgeld unterwegs zu sein. Das wäre sicher wert, psychoanalytisch hinterfragt zu werden, macht aber auf jeden Fall Spaß. Der andere Weg, nämlich nach immer höherem Verdienst zu streben, bleibt ja bekanntlich auch nicht ohne Preis.

Schnäppchen der aufgezählten Art erfordern natürlich viel Ausdauer, man erwirbt hiervon vielleicht eines in fünf Flohmärkten. Und man muss früh da sein, sonst schnappt es einem ein Antikhändler weg, von dem man es dann zum mindestens fünffachen Preis erwerben kann.

Man kann den beschriebenen Zusammenhang natürlich auch etwas tiefer ansiedeln. Geht es rein um die Befriedigung „normaler" Bedürfnisse und nicht um den günstigen Erwerb von Kostbarkeiten, kann einem der Flohmarkt helfen, mit einem wirklich **minimalen Budget** auszukommen.

Steigerbar wäre dies eigentlich nur noch durch die Teilnahme an einem Tauschring, der mit fiktiven Währungen operiert. Hier kursieren allerdings oft nur noch solche Dinge, an denen man nicht einmal auf dem Flohmarkt mehr großes Interesse hätte.

Weitere, etwas alltäglichere Erwerbungen der letzten Jahre zu wirklich erstaunlichen Preisen: eine PUMA-Sporttasche, original 70er Jahre, aus dickem, bordeauxrotem Kunstleder, für 8 Euro. Weitaus weniger stilvolle Retro-Imitate kosten neu 65 Euro aufwärts. Ein Leinenanzug mit Weste, Markenware, für 18 Euro und eine Pfeffermühle, schwarz, 40 cm hoch, für 3 Euro.

Einer meiner absoluten Lieblingsartikel ist eine Cafetière von WMF aus oval durchbrochenem, verchromtem Edelstahl mit einem Einsatz aus gehärtetem Glas. Jeden Morgen erfreue ich mich aufs Neue daran. Für die 4 Euro, die ich statt des Neupreises von ungefähr 70 Euro auf dem Flohmarkt dafür gezahlt habe, hätte ich im Handel nicht einmal das billigste aller Modelle bekommen. Diese Liste ließe sich noch sehr lange fortsetzen.

Auf dem Flohmarkt trifft man regelmäßig diejenigen, die ebenso verrückt danach sind wie man selbst. Ich tausche mich immer mit meinen Bekannten über die Attraktivität des jeweiligen Marktes an diesem Tag aus. Wir besprechen Warenangebot, die letzten Schnäppchen und vielleicht den eigenen Umsatz beim letzten Mal, als wir selbst verkauft haben. Die Bekannten, die gerade selbst verkaufen, werden gefragt, wie es so läuft und natürlich wünscht man ihnen beim Gehen einen guten Umsatz.

Sehr wertvolle Dienste erweist einem dieser Kontakt auch als **Buschtrommel** für die als nächstes anstehenden Märkte. Wenig bis gar nicht publizierte Orte sind mir auf diesem Wege bereits des Öfteren zu Ohren gekommen.

Dem Flohmarkt haftet etwas bewusst **Solidarisches**, geradezu Subversives an, nämlich zu konsumieren wie alle anderen auch, das Geld aber nicht den Warenhauskonzernen, sondern den Menschen auf dem Flohmarkt zu geben. Sie brauchen es gewiss nötiger. Es findet der klassische Austausch von Ware gegen Geld statt, befreit von vielen zusätzlichen, preistreibenden Faktoren wie Werbung, Marketing, Ladenmieten etc. Allerdings haben die Standmieten auf dem Flohmarkt in den letzten Jahren auch schon ein durchaus erkleckliches Niveau erreicht. Hierzu später mehr, im praktischen Teil zum Verkaufen.

Diese archaische Handelssituation, in der es zu direktem Austausch zwischen Eigentümer und Erwerber kommt, ist als Kontrapunkt zum technisierten, durchgestylten Konsum in geklonten Einkaufszentren sehr erfrischend. Ohne kaufstimulierende Beschallung, Rottweiler bewehrte Sicherheitsdienste und desinteressiertes, überlastetes Verkaufspersonal.

Man muss allerdings hierzu lernen, die **Befriedigung aus dem Konsum** nicht über den hohen („viel hilft viel"), sondern gerade über den niedrigen Preis zu ziehen. Dies widerstrebt vielen Menschen, in deren Vorstellung Konsum in teureren Geschäften sozialen Status bedeutet. Meiner Meinung nach ein Problem fehlenden Selbstvertrauens.

Nicht die Tatsache, dass ich mir einen Mantel für Hunderte von Euro gekauft habe, darf mich befriedigen. Sondern dass ich es vielleicht könnte, es aber viel intelligenter finde, ihn mir zu einem Bruchteil auf dem Flohmarkt zu besorgen. Allerdings muss ich dann wahrscheinlich eine Zeitlang warten, bis er mir über den Weg läuft. Ohnehin haben Flohmarktbesucher tendenziell mehr Zeit als Geld.

Trödel trödelt schließlich auch, warum sollte man sich eilen, ihn zu erhaschen – weglaufen wird er schon nicht!

In dieser **Offenheit** für das, was kommt, und auch dafür, dass phasenweise eben nichts kommt, scheint mir auch eine Befähigung zum Ausdruck zu kommen. Die Befähigung, die Dinge zu nehmen, wie sie sind, und nichts erzwingen zu wollen.

Eine Tugend, die von Völkern anderer geographischer Regionen um Längen besser beherrscht wird als hier zu Lande.

Es gibt eben kein Kaufhaus und keinen Einzelhändler, der meinen speziellen Wunschartikel vom Flohmarkt für einen enormen Preisaufschlag zu meiner jederzeitigen Verfügbarkeit vorhält. Vielleicht weiß ich ja noch gar nicht, wonach mir heute der Sinn steht.

Offenheit und Kreativität können Dingen auch zu einer völlig neuen Bestimmung verhelfen. Ich meine zum Beispiel **Zweckentfremdungen** wie das Bepflanzen aller möglichen Behältnisse oder die Nutzung von Flaschen als Kerzenständer, Karaffen als Behälter für Kleinkram, ... Diese und ähnliche Spielarten der Innendekoration thematisieren seit einigen Jahren sehr erfolgreich Bildbände zur Einrichtung mittels Flohmarktartikeln. In den Lesetipps ganz hinten im Buch habe ich zwei davon kurz rezensiert.

Auf dem Flohmarkt kann man auch ganz wunderbar **Geschenke** kaufen. Die Besorgung von Präsenten auf diesem Wege zeichnet sich aus durch hohe Individualität und Effizienz. Bei meinen Flohmarktgängen gebe ich mich ganz meinen Assoziationen hin, was hauptsächlich auch dazu führt, dass ich anhand von Dingen an Freunde und Bekannte denken muss. Wenn ich der Meinung bin, dass der Gegenstand der Person Freude bereiten wird, weil er gut zu ihr passt, habe ich ein Geschenk gefunden, das ich oft im normalen Handel nicht bekommen hätte und zahle auch noch einen deutlich geringeren Preis.

Dem **Wert** des Geschenkes tut das natürlich keinerlei Abbruch. Wer von allem nur den Preis kennt und nicht den Wert ermessen kann, könnte sich vielleicht daran stören, ein günstig erworbenes Geschenk erhalten zu haben. Zum einen muss man dem Gegenstand die Herkunft ja nicht unbedingt ansehen. Zum anderen sollte man natürlich aufpassen, dass man auf diesem Weg eher Leute beschenkt, die der Empathie, die diese Suche erfordert, einen höheren Stellenwert einräumen als der durch den Preis geäußerten Wertschätzung.

Wer gerne Bücher verschenkt, kann diese auf dem Flohmarkt bestens besorgen. Neben einem guten allgemeinen Zustand des Buches muss man jedenfalls darauf achten, dass keine fremde Widmung das Geschenk beeinträchtigt.

Auch wenn man seine Eroberungen nicht gleich verschenkt, sondern nur **Dinge für jemanden besorgt**, der selbst keine Zeit oder Lust hat, auf den Flohmarkt zu gehen, kann man sich damit Freunde machen. Hin und wieder, wenn in einer Runde über die nächsten Anschaffungen gesprochen wird, biete ich an, erst einmal auf dem Flohmarkt danach zu suchen.

Viele meiner Freunde sind überrascht und haben diesen Weg der Beschaffung noch gar nicht bedacht. Man einigt sich über einen Preisrahmen, und dann nehme ich den gesuchten Artikel in meine Zielgruppe auf. Wenige Märkte später habe ich ihn meistens gefunden.

Flohmarktgänger sind auch an anderem Ort **Schnäppchenjäger**. Sie liegen damit in Zeiten der sich öffnenden sozialen „Schere" zweifellos voll **im Trend.** Man findet sie in modernen Antiquariaten, Secondhand-Läden, Outlet-Stores, Sonderpostenmärkten und generell überall, wo der billige Jakob regiert. Dabei muss es sich aber keinesfalls um Geiz handeln. Oft ist dieses Verhalten aus der Not geboren oder Ausdruck eines besonders effizienten Wirtschaftens.

Der allgemeine Wirtschaftstrend macht natürlich auch vor dem Flohmarkt nicht Halt. Auch hier fallen die Preise, auch hier werden die Erlöse der Verkäufer schmaler. Insofern bringt der Abschwung nicht nur neues Publikum auf den Markt, sondern erfasst auch das bestehende Potenzial an Transfers und zieht es nach unten.

Am Beispiel von CDs verdeutlicht: Noch vor 10 Jahren fand niemand etwas dabei, wenn qualitativ gute, gebrauchte CDs auf dem Flohmarkt pro Stück 10 DM kosteten, aktuellere auch mal noch ein, zwei Mark mehr. Heute wird man auf demselben Flohmarkt schon angepöbelt, wenn man hierfür 3 € ansagt.

Die starke Zunahme von **Sonderpostenmärkten und Ramschläden** in den letzten Jahren ist im Straßenbild deutlich wahrnehmbar und trägt auch bei zur Verbreitung des Gedankens, alles billiger haben zu können. Auch wenn sie optisch und inhaltlich sicher keine Bereicherung darstellen, transportieren sie zumindest das Prinzip der billigen Beschaffung in die Städte und gewöhnen den Konsumenten ebenso wie Discounter an die Inkaufnahme improvisierter Präsentation.

Die zunehmende **Ausdünnung der Mittelschicht** und das Anwachsen einer breiteren Unterschicht einerseits und einer immer reicheren Oberschicht andererseits werden Floh- bzw. Antikmärkten in Zukunft wahrscheinlich jeweils wachsendes Publikum bescheren. Die einen, die sich vieles nicht mehr anders leisten können, und die anderen, die auf der Suche nach den noch exklusiveren Antiquitäten sind. Zur Exklusivität kommen wir gleich noch ausführlicher – eines meiner Lieblingsthemen.

Flohmärkte sind auch und besonders **individualistisch** betrachtet ein wahres Dorado. Hier kann man sicher sein, dass so leicht niemand den gleichen Artikel sein Eigen nennt, und wenn schon, dann nicht mit den gleichen Gebrauchsspuren. Oder nicht mit dem Artikel vom übernächsten Stand, der sich so interessant damit kombinieren lässt, seien es nun Textilien oder Einrichtungsgegenstände.

In der Werbung wird ja zunehmend suggeriert, ein industriell gefertigter Artikel sei speziell auf einen selbst zugeschnitten oder gar individuell konfektioniert. Abgesehen von wenigen

Luxusartikeln, bei denen man auf Wunsch einen tatsächlich individuellen Touch bereits im Produktionsstadium einfließen lassen kann, ist das natürlich vollkommener Quatsch.

Aber wer tatsächlich noch den gleichen, alten Artikel haben könnte, den man gerade auf dem Flohmarkt ergattert hat, das steht in den Sternen. Der Drang nach Unverwechselbarkeit, Einzigartigkeit vereint sich mit der Authentizität und Originalität des Benutzten zu einer selbst geschaffenen Kreation. Nicht umsonst werden so viele der im Einzelhandel erhältlichen Artikel von vorneherein mit einem gebraucht wirkenden Finish versehen.

Der Einkauf im Warenhaus nimmt einem die bewusste Entscheidung über Qualität und Stil der Dinge ab. Was hier präsentiert wird, ist geprüft und selektiert, und natürlich mit einer umfassenden Garantie versehen. Dagegen hat man auf dem Flohmarkt keinen versierten Verkäufer zur Seite, der einen in **Stilfragen** beraten könnte, man ist ganz auf sich alleine gestellt. Man braucht auch kein gutes Zureden, das einem vermittelt, mit dem Erwerb der Ware steige das Selbstbewusstsein.

Ein Inneneinrichter brachte es in seinem Werbeslogan auf den Punkt: „Sie brauchen keinen Stil, Sie brauchen uns". Und das nötige Kleingeld natürlich, um sich die Beratung in Sachen Stil leisten zu können. Oder man hat eben doch Stil und kann sich die Wohnung aus den verschiedensten Elementen autonom zusammenstellen.

Der genannte Slogan fördert trefflich zutage, welche Ängste immer noch viele den Gang auf den Flohmarkt scheuen lassen. Neben der Scham, dort gesehen werden zu können, hauptsächlich die Angst vor der eigenen **Verantwortung**. Wer sich auf sein eigenes Urteil verlässt, hat keine Autorität qua Profession zur Seite, die den gewählten Stil absegnet.

Die Leute erwarten für ihre Loyalität zum Einzelhandel in Form der hohen Preise, die sie zahlen, Sicherheit. Keinesfalls wollen sie im Nachhinein für den Stil, den sie sich haben wählen lassen, kritisiert oder gar ausgelacht werden.

Ich erinnere mich, einmal als Teenager auf dem Flohmarkt eine mattbeige Breitcordjacke erstanden zu haben. Da ich sie dann doch irgendwie zu ältlich fand, entschloss ich mich kurzerhand, die Ärmel abzuschneiden und sie einzufärben. Das Ergebnis, eine mintfarbene Breitcordweste, sah keinen Deut besser aus, eher schlimmer. Nach einigen entsprechenden Kommentaren meiner Mitschüler habe ich sie letztendlich aus meinem Kleiderschrank verbannt.

Viele Flohmarktbesucher tragen, abgesehen von solchen stilistischen Ausrutschern, aus ihrer autonomen Stilbildung heraus einen sehr individuellen, interessanten Kleidungsstil. Die Kombination von Altem mit Neuem, Billigem mit Teurem, Schmuddeligem mit Designermode ergibt undenkbar viele Möglichkeiten. Nicht von ungefähr hat der Grunge-Look seit den Neunzigern dem edel Versifften den Weg in die Kollektionen geebnet.

Genauso kann man auch seine Wohnung mit einem interessanten Stilmix aus neuen Möbeln und solchen vom Flohmarkt ausstatten. Romantische Accessoires, Ornamente und edle Materialien reichern die persönliche Wohnatmosphäre an und schaffen Wärme, die neuen Einrichtungsgegenständen so nicht zu entlocken ist.

Eine gängige österreichische Beschimpfung lautet: "Geh' heim wohnen". Dem Geschmähten soll damit anscheinend die Fähigkeit abgesprochen werden, über seine pure passive Existenz hinaus etwas auf die Reihe zu bekommen. Dabei ist Wohnen doch ein dermaßen kreativer und persönlichkeitsbildender Vorgang. Ich wohne gerne.

Eine aus gebrauchten Fundstücken liebevoll zusammengetragene Einrichtung steht ihrem Bewohner ähnlich gut wie eine über längere Zeit eingetragene Jeans. Neue (Hosen wie Einrichtung) müssen erst durch Gebrauchsspuren und eine gewisse Lockerung von ihrer Starrheit befreit werden. Spuren der Abnutzung zeugen von Leben, das zwischen und in den Möbeln geführt wird. In manchen streng kubischen, am besten noch dazu schwarzen Möbeln der 80er Jahre fühlt man sich eher wie in einem Ausstellungsraum oder einem Architektenbüro als daheim.

Ich wohne – wie könnte es als Flohmarktfan anders sein – in einer **Altbauwohnung**, die ich mit vielen Details aus der Epoche ihrer Erbauung, aber auch neuen, Wärme ausstrahlenden Möbeln eingerichtet habe.

Die **Küche**, insgesamt sehr hell, wird aufgelockert durch Blechdosen auf den Oberschränken, meine Sammlung Kaffeebecher in einem alten, hell gestrichenen Holzregal und einige ansprechende Geräte zur Kaffeezubereitung (wie z.B. Espressomaschinen und Milchaufschäumer verschiedener Bauart). Der Esstisch wird selbstverständlich immer mit einer Decke aus Flohmarktbeständen eingedeckt. Toaster und Radio sind prächtige, vor Chrom geradezu überbordende Titanen aus früheren Tagen, edel und robust in Form und Funktion. Vergleicht man damit die aktuellen Retro-Plastikbeulen des Einzelhandels, der „jede Woche eine neue Welt" verspricht, bekommt dieser Slogan eine ganz neue Dimension, denn viele dieser Artikel überdauern die Garantiezeit oft nur mit Mühen.

Mein **Wohnzimmer**, liebevoll auch der „Salon" genannt, wird dominiert von einer Sitzgruppe aus Rattan, kombiniert mit Stühlen aus Buchenholz, die im Farbton exakt mit dem Rattan harmonieren. In ihrer Mitte steht ein dezenter, weiß-grauer Mosaiktisch mit Teakbeinen, Baujahr 1962. Ein Buffet aus den dreißiger Jahren in hellbraunem Holz dient zur Aufbewahrung von Spielen und zum Drapieren exotischen Kunsthandwerkes. Dekoriert habe ich das Ganze mit vielen afrikanischen und indonesischen Details sowie reichlich kleineren Palmen.

Ebenso im Wohnzimmer befindet sich das **Bücherregal**, voller fast ausschließlich gebundener Ausgaben, erstanden zu Preisen weit unter denen von Taschenbüchern. Auch viele Bildbände finden sich dort, prächtige Archive künstlerischen Schaffens und landschaftlicher Schönheit, erworben für ganz kleines Geld.

Sensationell auch ein Vierersatz edler, dunkler Ledersessel mit Chromgestell, die bereits in den 60er Jahren Tausende gekostet haben dürften und heute nicht viel weniger wert sind – erworben für so wenig Geld, dass ich es an dieser Stelle lieber beschämt verschweige.

Die günstigen Preise eröffnen einem die Möglichkeit, **mit den Stilen zu spielen**. Weil Stil auf diesem Weg eben keine Geldfrage mehr ist, kann man sich gleich mehrere Stile leisten und neue Kombinationen kreieren. Viele (gerade alternative) **Theatergruppen** bauen ihren Fundus über die Jahre über den Flohmarkt auf. Wer weiß, welche Preise bereits für den Verleih guter Kostüme verlangt werden, kann die hierbei erzielte Ersparnis ermessen.

Ich will an dieser Stelle ausdrücklich hervorheben, dass ich hier einem Individualismus im Sinne von Selbstentfaltung das Wort rede, nicht etwa im Sinne von **Exklusivität**. Diese leitet sich her aus lat. „excludere", was so viel heißt wie ausschließen. Exklusivität ist leider in der Überflussgesellschaft eines der am häufigsten zitierten Verkaufsargumente. Wenn man es hierauf anlegt und dereinst einmal alle anderen ausgeschlossen hat, steht man allerdings verdammt alleine da. Das muss man dann natürlich durch den Konsum noch exklusiverer Produkte kompensieren.

Flohmärkte torpedieren in gewisser Weise den Gedanken der Exklusivität, weil es hier mehr Menschen möglich wird, knappe

Güter zu erwerben. Sei es als Gebrauchtware oder als Plagiat, deren es auch auf jedem Flohmarkt zur Genüge gibt.

Die Funktion als Schmelztiegel der Stile kann auch auf das **Publikum an sich** erweitert werden. Mir ist kein Ort bekannt, an dem mit ebensolcher Selbstverständlichkeit Anwalt und Punk, Arzt und Bettler, Jung und Alt, Orient und Okzident, Rechts und Links zusammentreffen. Natürlich geht das nicht immer ganz reibungslos vonstatten, aber ich möchte behaupten, dass an anderem Ort mehr passieren würde. Oder ähnliche Gedanken aus der Feder des Wissenschaftlers (Winter, S. 37): „Progressive Subkulturen werden als Populationen definiert, die mit Hilfe von eigenen Normen und Werten versuchen, den gegenwärtigen Stand der Gesellschaft aufzuheben, weiterzutreiben, einen grundsätzlich neuen Zustand zu erarbeiten, während die regressiven Gruppen als an der Restauration der Vergangenheit interessiert beschrieben werden." Auf dem Flohmarkt können wir sie alle in friedlicher Eintracht sehen.

Es kommt zum Austausch zwischen einander fremden Gruppen, Vorbehalte und vielleicht auch Vorurteile werden abgebaut, manchmal auch bestätigt. Vorausgesetzt, man versteht sich.

Mit der Zeit habe ich ein paar Brocken Türkisch und slawische Wortstämme aufgeschnappt; besonders Zahlen sind für Preisverhandlungen oder zur Auskunft über Kleidergrößen sehr dienlich.

Die häufigsten Zwischenfälle stellen **kleinere Händel** zwischen Männern dar, denen ihre Kultur vorschreibt, jegliche Ehrabschneidung sofort mit Aggression zu quittieren. Der Vorwurf, etwas gestohlen zu haben (was vorkommt) oder nicht genug zahlen zu können, führt hin und wieder zu Hektik, die sich aber genauso schnell wieder in Luft auflöst, wie sie entstanden ist.

Entgegen der weitgehend problemfreien Mischung auf dem Markt an sich kann es mit den **Bewohnern** der unmittelbar angrenzenden Straßen durchaus zu **Konflikten** kommen. Rund um den Flohmarkt am Sachsenhäuser Mainufer in Frankfurt konnte ich allsamstäglich zum Zeugen eines wahrlich anrüchigen Konfliktes werden. Polnische Verkäufer, nach 24 Stunden Anfahrt zu fünft im 500er Fiat, der dort Polonez heißt, mächtig gerädert, verbrachten die Nacht vor dem Flohmarkt schlafend im Auto. Gegen Marktbeginn entleerten sie sich, je nach konsumierter Menge Wodka auf verschiedene Art, in die gepflegten Vorgärten des ansässigen Bürgertums.

Das brachte neben dem Vorgarten auch das Fass zum Überlaufen, denn die Zustände auf dem Markt waren den Anwohnern schon länger ein Dorn im Auge. Der Druck im Ortsbeirat wurde verstärkt, und eine Verlagerung des Marktes auf einen außerhalb gelegenen Platz wurde angeregt, nicht zum ersten Mal.

Bis heute ist der Markt allerdings in seiner bevorzugten Lage verblieben. Vielleicht spielte hierbei eine Rolle, dass man mit einer vorübergehenden Verlegung zu früheren Zeiten keine guten Erfahrungen gemacht hatte. Eine Verschlechterung des Umfelds oder Isolation führt oft zu einer Art Ghettoisierung des Marktes; da behält auch und gerade die konservative Seite das Ganze lieber im Auge. Auch ohne solche zugespitzten Konflikte sind beliebte Streitthemen zwischen Flohmarktbesuchern und Anwohnern immer wieder Lärmbelästigung und Parkplatznot.

Jede Tageszeit hat ihr spezielles Publikum. Chronologisch ergibt sich, auf einem größeren gewerblich veranstalteten Markt in guter Innenstadtlage, folgendes Bild:

Frühmorgens, je nach Marktbeginn ab 6, 7 Uhr streunen **Weiterverkäufer** über den Markt, manchmal, im Winter, noch bei Dunkelheit, bewaffnet mit einer Taschenlampe. In ganz extremen Fällen beginnt der Aufbau auch schon während der Nacht und schlaflose Gestalten huschen umher. Das ist aber zum Glück die Ausnahme. Die Weiterverkäufer sind auf der Suche nach Unterhaltungselektronik, Markentextilien oder anderen Dingen von breiterem Interesse. Zahlen wollen sie hierfür selbstverständlich am liebsten gar nichts, und manchmal muss man fast rabiat werden, um einen lästigen Feilscher loszuwerden, der einem etwas abschwatzen will. Wie man sich dieser Plage effektiv erwehrt, dazu später mehr im praktischen Teil, wenn es ums Verkaufen geht.

Gleichzeitig oder wenig später tauchen passionierte private **„Early Birds"** auf, die sich die besten Schnäppchen auch nicht entgehen lassen wollen. Viele Angehörige traditionell frühaufstehender Berufsgruppen, hauptsächlich Arbeiter und Handwerker, suchen in den frühen Morgenstunden nach Arbeitskleidung, -schuhen oder Werkzeugen. Manche sind auch noch gar nicht im Bett gewesen: Der eine eiert mit der Bierflasche in der Hand am Stand vorbei (der wievielten?), der andere hat Gott weiß irgendetwas anderes konsumiert und hibbelt einfach so weiter über den Markt wie bis vorhin in der Disco.

Nachdem diese erste Welle von Halb- und Vollprofis durchgebrandet ist, kann man als Verkäufer gut selbst kurz auf die Pirsch gehen und sich für den eigenen Bedarf oder zum Weiterverkauf eindecken. Hierfür bittet man seinen Standnachbarn, mal eben ein Auge auf den eigenen Stand zu werfen.

Gegen 9 Uhr, inzwischen ist der Markt auch offiziell geöffnet, schleichen Rentner zwischen den Münz- und Briefmarkenständen umher. Zwischen 10 und 12 Uhr bevölkert das breiteste Spektrum an Besuchern den Markt, alle erdenklichen **Typen** vereinen sich zu einer interessant zu betrachtenden Menschenmenge.

Insgesamt erscheinen mir die älteren und die jungen Menschen im Verhältnis zum mittleren Alter überrepräsentiert. Beide Altersgruppen vereinen geringere Mittel als der Bevölkerungsdurchschnitt und im Verhältnis zu Erwerbstätigen das Plus an freier Zeit.

Betrachtet man das Publikum nach vertretenen **Nationalitäten**, so hat sich in den letzten 15 Jahren ein bedeutender Wandel ergeben. Seit der Öffnung des Ostblocks steht der Anteil osteuropäischer Besucher dem derer aus dem Mittelmeerraum nicht mehr nach; vielleicht überwiegt ersterer letzteren auch schon. Dies erscheint mir ein weiterer Umstand, der dem Phänomen Flohmarkt eine neue Qualität gibt: der umfangreiche *Zuzug* von Menschen aus Ländern, in deren Kultur informelle, niedrigschwellige Märkte schon immer eine größere Rolle gespielt haben als in Deutschland, aus dem Mittelmeerraum. Ebenso der Zuzug aus Osteuropa, der viele Menschen hergeführt hat, die häufig nicht so gut bezahlte Jobs ausführen und der Besorgung von Dingen auf ungewöhnlichen Wegen gegenüber noch aus dem Sozialismus aufgeschlossen sind.

Eine ähnliche Entwicklung hat sich aus ebensolchen Gründen in den **neuen Bundesländern** vollzogen. Seit jeher im informellen, kreativen Austausch knapper Güter geübt, haben die Ostdeutschen binnen eineinhalb Jahrzehnten eine Flohmarktszene aufgebaut, die der der alten Bundesländer mindestens ebenbürtig zu nennen ist. Von einer Verkäuferin auf einem thüringischen Flohmarkt bekam ich erzählt, dass im Zuge der Wiedervereinigung viele der Artikel, die heute als „Ostalgie" wieder heiß begehrt sind, direkt nach der Wende gerne und billig an westdeutsche Antikhändler abgegeben wurden. Heute, nachdem das Interesse wieder gestiegen ist, müssen sie für teures Geld zurück erstanden werden.

Ohne all diese Dynamiken wie Zuzug, Professionalisierung und Expansion der Flohmarktveranstalter wäre der Flohmarkt vielleicht immer noch das **harmlose Bürgerspiel**, als das er in Deutschland in den siebziger Jahren des letzten Jahrhunderts begonnen hat. Das kann man bedauern oder spannend finden, es bleibt jedem selbst überlassen.

Die schrägsten Vögel unter den Besuchern prägen sich einem am besten ein und werden auf Dauer zum festen Bestandteil des Rituals. Man freut sich immer wieder, sie zu sehen und dass sie trotz ihrer offensichtlichen Andersartigkeit toleriert werden und Anlass zur Erheiterung geben.

Ich denke zum Beispiel an den, der wirklich *jedem* einen „Guten Morgen" wünscht, den, der *immer* mit einem Kaffeebecher aus Plastik im Mund herumrennt, oder den, der auch bei knapp über null Grad mit der kurzen Trachtenlederhose rote Hosenträger kombiniert ...

Auch an den Alten, der jeden CD-Verkäufer jeden Samstag aufs Neue nach „französischer oder italienischer Musik" fragt und den Asiaten, der exzentrisch und exzessiv seine E-Gitarre strapaziert und dabei die wildesten Laute von sich gibt. Solche und ähnliche Vögel finden sich auf jedem größeren Markt und bereichern den Eindruck ungemein.

In der Ferienzeit sieht man auch immer wieder **Touristengruppen** das Angebot der hiesigen Flohmärkte durchstöbern. Sie interessieren sich oft für Souvenirs oder regionstypische Erzeugnisse, aber auch für alles andere. Die Verständigung fällt oft schwer, da sie nicht einmal den Flohmarkt spezifischen Minimaljargon („kostet?; wie groß?; letzter Preis?") beherrschen, auf Basis dessen man mit Leuten kommunizieren kann, die zwar des Deutschen nicht mächtig sind, aber regelmäßig auf den Flohmarkt gehen.

Touristen, insbesondere solche von anderen Kontinenten, sind tendenziell bereit, höhere Preise zu zahlen und daher dankbare Kunden. Man sollte es aber nicht übertreiben, denn so ganz entgeht auch ihnen das Preisgefüge nicht.

Man macht sich jetzt im Gedränge sicher keine Freunde, wenn

man versucht, die Gänge mit dem Kinderwagen, Handkarren, Fahrrad (auch schiebend) oder auf Inlineskates zu durchqueren. Und auch der aufgespannte Regenschirm, mag es auch noch so schütten, ist bei der Enge der Gänge gar keine gute Idee.

Nach den Mittagsglocken haben es auch die Schüler und Studenten geschafft, sich nach der langen Freitag- oder Samstagnacht aus dem Bett zu schälen. Gefragt sind bei ihnen Lifestyle-Artikel wie Secondhand-Klamotten, Schallplatten, Retro-Design und kunsthandwerkliche Artikel zur Dekoration der Bude.

Betrachten wir nun die Menschen hinter dem Stand, die Verkäufer.

b) Verkäufer

Was bewegt einen, sich stundenlang, im Winter auch noch bei klirrender Kälte, die Beine in den Bauch zu stehen und am Ende mit ein paar Euro von dannen zu ziehen?

Zunächst natürlich die besagten paar **Euro**, die nach meinen eigenen Verkäufen und ausgiebigen Gesprächen mit Kollegen im Mittel zwischen ein- und zweihundert pro Markttag liegen. Umsatz, wohlgemerkt, nicht Gewinn. Richtig reich geworden ist dabei noch niemand. Mit Ausnahme zum Beispiel eines Posterverkäufers, der in den achtziger und neunziger Jahren auf dem Frankfurter Flohmarkt aus England importierte Bandposter verkauft hat und sich von den Erlösen gar ein Haus gekauft haben soll.

Auf den Nebenerwerb in der regelmäßig erreichten Dimension können oder wollen viele Arbeitslose, Studenten, Rentner oder Teilzeit-Angestellte aber dennoch nicht verzichten. Bereits in den 1980er Jahren wurde der Anteil der Einnahmen aus informellem Warenhandel am Gesamteinkommen eines durchschnittlichen Haushaltes mit 3-9 % angegeben (Winter, S. 33); er dürfte heute tendenziell noch etwas höher liegen.

Hierin sehe ich auch einen der Hauptgründe für die immer weiter voranschreitende **Professionalisierung** der Flohmärkte. Aus dem wachsenden Bevölkerungsanteil, der seinen Unterhalt nicht mehr (allein) aus Erwerbsarbeit beziehen kann, rekrutiert sich eine große Zahl regelrecht professioneller, also erwerbsmäßiger Händler. Die gab es zwar immer schon, aber sie sind deutlich mehr geworden. Winter gibt hierzu, bezogen auf die Gesamtbevölkerung (auf Seite 205 seiner Dissertation) folgende Zahlen an: sechs Prozent Hobbyhändler, die 1-2 Mal pro Jahr verkaufen gehen und immerhin 1,5% de facto Unternehmer, die also gewerblich und mit Gewinnerzielungsabsicht auf Flohmärkten mit Trödel handeln. Das bedeutet, über eine Million der in

Deutschland lebenden Menschen bestritt 1996 seinen Lebensunterhalt zumindest auch über den Flohmarkt.

Als Verkäufer vom Flohmarkt allein existieren zu wollen, ist allerdings ein ehrgeiziges Unterfangen. Hierzu braucht man entweder einen ganz erheblichen Arbeitsaufwand oder (in der Mehrzahl dubiose) Wege zur Beschaffung großer Mengen rentabler Ware.

Es gibt durchaus professionelle Händler, die sich auf Ware mit attraktiven Gewinnspannen spezialisiert haben, und die an einem guten Vormittag so viel umsetzen, wie manch ein Angestellter im Monat nicht verdient. Von derart hohen Erlösen leistet sich der ein oder andere sogar einen „Angestellten", Verwandten oder Freund, der bei der mitunter körperlich schweren und zeitraubenden Prozedur des Standauf- und -abbaues hilft. Zwischen den Auf- und Abbauphasen sehen vier Augen natürlich immer mehr als zwei, und auch der Schwund kann durch Teamwork deutlich reduziert werden. Der Flohmarkt wird nämlich leider aufgrund seiner mangelhaften Sicherungsmechanismen auch sehr gerne zum Klauen missbraucht.

Auf der anderen Seite stehen sich viele Privatleute die Füße platt und legen am Ende noch drauf. Da sich das niemand so richtig eingestehen will, neigt man am Ende oft dazu, sich das Ergebnis schön zu rechnen. Kosten für den Stand, Ankauf, Anfahrt oder die investierte Zeit werden großzügig außer Acht gelassen.

Mein definitiv **frustrierendstes Erlebnis** im Verkauf hatte ich einst im März. Ich hatte einen Posten wirklich ansprechend geschnittener kurzer Hosen angekauft, welcher neben anderem Trödel mein Hauptumsatzlieferant sein sollte. Nur interessierte das niemanden bei 11 Grad und Regen auf einem Baumarktparkplatz in einem hässlichen Industriegebiet. Diese

Erfahrung gehörte ganz deutlich in die Kategorie „Lehrgeld".

Auch die tatsächlich investierte **Arbeit** beschränkt sich nicht darauf, ein paar nette Stunden auf dem Markt zu verbringen. Es fängt an mit der Besorgung der Ware. Woher diese genau kommt, wird im Teil über die Waren zu besprechen sein. Die Ware muss sortiert, gesichtet, gegebenenfalls auch aufgearbeitet oder zumindest gereinigt werden.

Diese Vorgänge können aber auch viel Spaß machen. Man entlockt den vielleicht in jämmerlichem Zustand aufgefundenen Dingen durch die investierte Pflege ihr Bestes und lässt sie in altem Glanz erstrahlen. Sodann verpackt man sie, was bei empfindlichen Sachen viel Zeitungspapier und Arbeit erfordert.

Man muss früh aufstehen, zum Markt fahren und sich an den Aufbau machen. Dieser nimmt bei einem durchschnittlichen Stand eine halbe bis eine Stunde ein. Händler besonders sorgsam zu behandelnder Ware wie Glas oder Porzellan brauchen auch schon mal zwei Stunden.

Die Folgezeit von 6-8 Stunden verbringt man im Stehen hinter dem Stand, was eine nicht zu unterschätzende körperliche Anstrengung darstellt. Gerade für ältere Verkäufer oder für jüngere, die in der vorherigen (Wochenend-) Nacht einen draufgemacht haben. Nach getanem Verkauf geht das Spiel in der anderen Richtung von vorne los, und es heißt einpacken. Der Markttag selbst ist bis dahin schon an die zehn Stunden alt. Wie gesagt, ist auf dem Flohmarkt bisher kaum einer reich geworden.

Vielleicht kann diese Schilderung der Mühsal bewirken, dass der eine oder andere beim nächsten Kauf den Aufwand des Gegenübers ermessen und **angemessen honorieren** kann. Gerade angesichts der Tatsache, dass viele nur einfach Qualifizierte angesichts schwindender Arbeitsplätze auf ihre Einkünfte vom Flohmarkt angewiesen sind.

Ich habe in den letzten 20 Jahren, zeitlich wie inhaltlich betrachtet, eine Art Ausbildung zum **„Flohmarktgesellen"** gemacht. Zu den ca. 2.500 Stunden, die ich als Käufer über Märkte geschlendert bin, kommen etwa 1.500 Stunden als Verkäufer sowie 1.000 Stunden für das Sortieren, Ein- und Auspacken und die Beschaffung von Ware außerhalb von Märkten. Macht in der Summe 5.000 Stunden, also drei Vollzeit-Arbeitsjahre. Mein durchschnittlich pro Stunde erzielter Verdienst liegt interessanterweise auch auf dem Niveau eines Gesellenlohnes. Wenn es nicht so gut läuft, leider eher auf dem eines Praktikanten.

Mein Gesellenstück halten Sie in der Hand. Meine **Meisterprüfung** stelle ich mir als eine Art Triathlon vor:

1. Erwirtschaftung von 1.000 Euro nur durch An- und Verkauf an einem einzigen Marktvormittag,
2. Bestimmung des Feinsilbergehalts alter Bestecke auf Sicht, aus 10 Metern und ohne Brille und
3. Freies Rezitieren aller 4.000 bundesweiten Markttermine eines durch Los bestimmten Monats der letzten 10 Jahre, aufsteigend nach Postleitzahl.

Aber Spaß beiseite, widmen wir uns wieder den knallharten Fakten des Business. Am meisten setzt die veranstaltende Marktgesellschaft um; bei einem großen Markt mit circa 500 Ständen gut 20.000 Euro. Bei gut 50 Marktterminen pro Jahr macht das eine stattliche Million Euro. Die beteiligten Verkäufer machen in der Summe schätzungsweise noch mal weitere fünf bis zehn Millionen Euro Umsatz im Jahr, wovon gut die Hälfte Gewinn sein dürfte. Das entspricht in etwa den Dimensionen eines **mittelständischen Vorstadtkaufhauses**, und das bei nur 50 halben Tagen Markt pro Jahr!

Bei 4.000 Marktterminen pro Monat, vom riesigen Großstadtmarkt, der nur einmal im Jahr stattfindet, bis zur kleinen

Klitsche in irgendeinem Hinterhof, lässt sich auch die **bundesweite Dimension** ungefähr einschätzen: Ausgehend von durchschnittlich 100 Ständen pro Markt, die im Schnitt je 200 Euro umsetzen, ergibt sich auf gewerblich veranstalteten Märkten ein bundesweiter wöchentlicher Umsatz von 1.000 Märkten x 100 Ständen x 200 Euro = 20.000.000, in Worten: 20 Millionen Euro. Im Jahr summa summarum eine schlappe **Milliarde Euro!**

Und damit sind erst einmal nur die Flohmärkte berücksichtigt, die in der „Flohmarkt Revue" veröffentlicht sind und somit einen gewerblichen Veranstalter aufweisen. Nimmt man die jährlich ebenfalls Zigtausenden von Märkten hinzu, die von Stadtverwaltungen, Gemeinden, Vereinen, Kindergärten usw. veranstaltet werden, darf man wohl ungefähr vom Doppelten ausgehen, also **zwei Milliarden Euro pro Jahr!**

Aber natürlich stellt der Ertrag nur einen Teilaspekt der vielfältigen **Motivationen** dar, aus denen heraus man sich entschließt, einen Stand anzumieten. Für Gelegenheitsverkäufer spielt der Spaßfaktor eine große Rolle; man kommt unter die Leute und kann Menschen kennen lernen, was einem Sprichwort zufolge ja nirgendwo besser gelingt als beim Markt.

Die **Kraft des Rituals** treibt viele derer, die häufig als Verkäufer anzutreffen sind. Sowohl die Gewohnheit, den Samstagmorgen nun mal verkaufen zu gehen als auch der Kontakt und das Palaver mit dem oft kontinuierlich gleichen Standnachbarn geben Struktur und setzen der Woche einen Höhepunkt.

Mit der Zeit gewinnt man seine kleinen Rituale lieb. Ein Rentner aus dem ehemaligen Jugoslawien, den ich sehr an seinen Sohn erinnere, nötigte mich über Jahre ohne Rücksicht auf die frühe Stunde zu ein, zwei selbst gebrannten Slivovitz aus dem mitgeführten Flachmann.

Regelmäßige Teilnehmer wollen mit ihrem Stand darüber

hinaus oft auch in Form der dort präsentierten Waren eine bestimmte **Geisteshaltung**, ja fast schon ihre Gesinnung offenbaren. Abgesehen von offensichtlichen Formen, in denen Religionsgemeinschaften oder Sekten ihr Material feilbieten, meine ich hiermit zum Beispiel die starke Fraktion der Nostalgiker.

Nostalgie heißt wörtlich „Heimweh; Sehnsucht, heimzukehren". Man sehnt sich nach vergangenen Zeiten, vergangenen Orten, möchte schöne Momente erneut erleben und wäre gerne noch mal so jung wie damals. Wer ausschließlich alte Ware verkauft, wird selten leugnen, durch deren Präsentation nicht auch für sich selbst und andere Assoziationen der Tradition wecken zu wollen, für die „gute alte Zeit" zu schwärmen. Wer hingegen neue Medien verkauft, wird ein tendenziell technik- und fortschrittsgläubiger Mensch sein. Auf Bewahrung und Veränderung werde ich im Abschnitt über die Waren ausführlicher zu sprechen kommen.

Eine ältere Dame auf einem meiner Lieblingsflohmärkte bietet seit ich sie dort sehe, das sind jetzt immerhin zwanzig Jahre, dieselbe Lampe an, eine eigentlich recht ansehnliche Tiffanylampe. Möglicherweise will sie abstrus viel Geld dafür; aber selbst damit würde sich über die Zeit jemand gefunden haben. Vielmehr erscheint es mir aber so, dass sie sich von der Lampe gar nicht trennen will, diese ihr eine Art Positionsleuchte des eigenen Geschmacks und der eigenen Sicht der Dinge geworden ist. Ich habe bisher noch nicht gewagt, sie darauf anzusprechen, weil ich befürchte, ihr entweder zu nahe zu treten oder anhand der Lampe ihre Lebensgeschichte samt derer ihrer direkten Vorfahren erzählt zu bekommen.

Je näher sich ein Gegenstand an der Verkörperlichung von des Verkäufers Geisteswelt befindet, desto relativ teurer wird er sein. Schon beim Nächsten, der keine innige Beziehung zu

Gleichartigem empfindet, kann man von einem sehr viel niedrigeren Preis angenehm überrascht werden.

Abstrakt gesprochen sollte man jeweils die Artikel nicht kaufen, die zur Kernkompetenz oder –identität des betreffenden Verkäufers gehören, sondern das, was er achtlos am Rande seines Spektrums platziert hat.

Die Motivation einiger Verkäufer, die sich durch eindeutige Äußerungen klar dem **rechten Spektrum** zuordnen lassen, ist mir bisher noch nicht ganz klar geworden. Auf Flohmärkten ist ein deutliches Übergewicht zugunsten der ausländischen Besucher die Regel. Ich vermute eine Art Masochismus oder, konstruktiver, eine Konfrontationstherapie. Vielleicht begeben sich die armen Teufel auch tatsächlich aus reiner Geldnot auf fremdes Terrain.

Ich will noch einmal zurückkommen auf den Zusammenhang zwischen Überzeugungen und den Waren, die jemand verkauft. Es lässt sich unter den Händlern eine ziemlich zuverlässige Typisierung vornehmen, welche Warengruppen überwiegend von **Männern und** welche von **Frauen** verkauft werden. Damit ist gemeint, dass an einem Stand, der ausschließlich eine der folgenden Warengruppen anbietet, mit hoher Wahrscheinlichkeit ein Angehöriger eines bestimmten Geschlechts stehen wird. Hieraus lassen sich in der Folge auch Schlüsse auf tiefere Zusammenhänge anstellen. Zu bedenken ist hierbei natürlich, dass gerade die Menschen aus dem Mittelmeerraum, die hier stark repräsentiert sind, noch stärker zu Rollenkonformität erzogen wurden.

Zu den fast ausschließlich von **männlichen** Händlern gehandelten Waren gehören vier Obergruppen mit folgenden Zugehörigkeiten:

Technik – Sanitär, Autoteile, Elektro- und Haushaltsgeräte, Computer, Modelle von Autos und Eisenbahnen, Optik, Fotoapparate, Musikinstrumente und Uhren.

Medien – Computerspiele, Tonträger aller Generationen (Schallplatten, CD, MP 3 etc.) und Videos.

Hoheitszeichen – Münzen, Briefmarken, Militaria (Orden, Abzeichen, Urkunden usw.) und Armeebekleidung.

Arbeitsbedarf – Arbeitskleidung, robuste Schuhe, Overalls, Anzüge und Werkzeug.

Hingegen wird man meist mit **Frauen** verhandeln, wenn es geht um:

Dekorative Kunst – Glas, Porzellan, Kunsthandwerk, Innendekoration, Puppen und Bären.

Haushaltsbedarf – Geschirr, Decken, Bettwäsche und Küchenartikel.

Wohlbefinden und Esoterik – ätherische Öle, Klangspiele, Salzkristalllampen, Massage- und Badeartikel und entsprechende Literatur.

Ausnahmen bestätigen natürlich auch hier die Regel. Männer und Frauen seien an dieser Stelle auch aufgerufen, ihre Interessengebiete generell weit zu fächern. Warengruppen, die **von beiden Geschlechtern** gehandelt werden, sind Antik, Edeltrödel, Waren aus Haushaltsauflösungen, Bücher, Kleidung, Kunst und Design, Sportartikel und Trendwaren.

Männern scheint somit auch auf dem Flohmarkt viel an

Zeichen der Macht zu liegen, sei es die unmittelbare Staatsgewalt oder die Macht, seinen Einflussbereich durch Technik und Medien zu erweitern. Sie handeln auch zäher und geben ihre Waren nur gegen einen entsprechenden Preis her.

Frauen sind eher fähig zu den schönen und angenehmen Seiten des Lebens, erkennen eher die Wichtigkeit ihres unmittelbaren Umfeldes für das eigene Wohlbefinden und handeln danach (und damit). Manchmal ist es ihnen wichtiger, ihre schönen Dinge weiterzugeben, und sie fordern tendenziell moderatere Preise dafür.

Auch hinsichtlich des **Lebensalters** lassen sich unter den Verkäufern Zusammenhänge feststellen: Jugendliche verkaufen ihre Kinderspielsachen und Kuscheltiere, junge Erwachsene trennen sich von den vorübergehenden Zeichen des Protestes wie zerrissenen Klamotten oder destruktiver Musik. Menschen mittleren Alters verkaufen wieder Spielsachen, diesmal die ihrer gerade ausgezogenen Kinder. Alte Menschen bessern nicht selten ihre Rente auf, indem sie Erbstücke feilbieten, die sie keiner nächsten Generation geben können oder wollen.

Tendenziell wird man es also als Verkäufer auf Käuferseite eher mit Leuten zu tun haben, die **etwas jünger** sind als man selbst, gerade die Lebensphase durchschreiten, von deren materiellen Zeichen man sich selbst gerade verabschiedet.

Anhand des Verkauften lassen sich noch viele weitere Informationen über den Verkäufer herausfinden: Ausbildung/Studium (anhand abgelegter Fachlektüre), Familienstand, Hobbys, manchmal auch die regionale Herkunft oder die soziale Stellung.

Oft ergibt sich auch eine interessante Annäherung bis Übereinstimmung zwischen angebotener Ware und dem persönlichen Stil der Verkaufenden. Entweder (oft bei professionellen Händlern) gewollt, um ein stimmiges Bild abzugeben und die eigene Wertschätzung seiner Ware zu dokumentieren. Oder ungewollt, wie zum Beispiel bei älteren Leuten, die ihre Habseligkeiten vergangener Jahrzehnte versilbern und dabei wie selbstverständlich Anzüge mit überholtem Schnitt oder olle Schuhe tragen.

Einige Verkäufer verstehen sich besonders gut darauf, dem Publikum und sich selbst die Zeit auf dem Markt so angenehm wie möglich zu machen. Sie musizieren, auf der Drehorgel oder der Ziehharmonika, singen dazu, sie jonglieren oder stellen ihre Waren direkt am Stand selbst her. Letzteres ist übrigens ein gerade für Kunsthandwerker wertvoller Tipp, den Umsatz zu steigern. Die Leute kaufen solche Dinge, die vor ihren Augen („extra für sie") gefertigt wurden, am allerliebsten.

Manchmal wird der Unterhaltungswert auch unfreiwillig geschaffen. So zum Beispiel bei, vorsichtig formuliert, stark exzentrischen Verkäufern, die jedem, der es hören will oder auch nicht, zu ihren Waren alles Mögliche erzählen oder einfach halblaut vor sich hin brabbeln. Hier ist schon das eine oder andere komödiantische Talent verloren gegangen.

Die **Sortimente** der professionellen Händler wechseln leider nicht immer zügig, und durch ein gewisses Auslaugen bis auf den unverkäuflichen Rest besteht die Gefahr, dass ihr Angebot für regelmäßige Besucher langweilig wird. Gerade im Winter habe ich manchmal das Gefühl, Woche für Woche über exakt den gleichen Markt zu gehen. Dieser Eindruck wird durch die beharrlich gleich strukturierten Auslagen der immer gleichen Erwerbshändler hervorgerufen. Privatleute, die Abwechslung in das Angebot bringen könnten, bleiben wegen der Kälte lieber zu Hause.

Im Frühling kann man dann einen regelrechten frischen Wind an neuen alten Dingen wahrnehmen. Binnen kurzem scheint sich der Inhalt sämtlicher Keller und Speicher auf die Märkte zu ergießen.

Der Flohmarkt ist auch Hort einer ganzen Reihe verschiedener **Kulturen und Subkulturen**.

Vor allem aus Afrika, Südamerika und Asien wird ein umfangreiches Repertoire an Volkskunst aufgeboten. Auf dessen Facetten werde ich im Einzelnen noch im Abschnitt über die Waren eingehen. Zusammen mit den wohlriechenden Schwaden von Räucherstäbchen und der auf mitgebrachten Radios gespielten Ethno-Musik durchstreift man besonders im Sommer auf einem gut sortierten Flohmarkt die halbe Welt mit allen Sinnen.

Subkulturen mit ihren jungen, finanzschwachen Anhängern, die ihren Stil aber besonders authentisch äußern wollen, sind geradezu prädestiniert, auf Flohmärkten gefunden zu werden. Ob Punk, Rock, Hip-Hop, Esoterik, Comics, Filme aller Genres oder Hanfkultur – hier findet man die zugehörigen Klamotten und Accessoires zu bezahlbaren Preisen.

Herbeigeschafft wird all dies mit den unterschiedlichsten **Mobilen**. Am praktischsten ist natürlich ein Auto; für manchen professionellen Händler muss es natürlich dementsprechend ein Transporter sein. Die Transporter befinden sich leider wegen chronischer Geldnot ihrer Halter oft in einem beklagenswerten Zustand und stehen nicht selten wegen des drohenden TÜV kurz vor ultimo zum sehr billigen Verkauf.

Als rühmliche Ausnahme ist mir ein top gepflegter silberner Mercedes- Transporter aus den Sechzigern in Erinnerung geblieben; dieser gehört allerdings auch zum Gesamtkunstwerk eines sehr stilsicheren Händlers für Design und Klamotten aus diesem Jahrzehnt.

Ganz Hartnäckige ziehen gar mit Wohnmobilen quer durchs Land, die ihnen neben dem Warentransport auch gleich als Unterkunft dienen. Wer kein eigenes Auto hat, lässt sich mit dem

Taxi zum Markt chauffieren. Hier ist natürlich durch die Tarife eine gewisse Entfernungsgrenze gesetzt.

Wem auch das noch zu teuer ist, der schnallt sein Moped vor einen dreimal so großen Anhänger; beliebtes Modell besonders bei älteren Männern, denen der Autoführerschein beim regelmäßigen Trinken hinderlich wurde. Aus der unmittelbaren Umgebung kommen auch immer wieder Leute zu Fuß, mit Bollerwagen, Sackkarren oder Rollkoffern im Schlepp.

Derart schweißtreibend eingetroffen, verlangt es einen nach einem kleinen **Imbiss** zur Stärkung. Das Angebot reicht vom Döner samt Schwesterprodukten wie Lahmacun (türkische Pizza) oder Falafel (frittierte Kichererbsenschrotbällchen) über gutbürgerliche Grills mit Fleisch und Wurst bis zur süßen Fraktion, vertreten durch Crêpes und Donuts.

Entsprechend seiner weiten Verbreitung noch einige Worte zum Döner: Einen guten Döner erkennt man einem türkischen Spezialisten zufolge daran, dass er, wenn man ihn ansieht, zurückblickt. Wenn Sie es sehen, werden Sie verstehen, was er damit meinte. Sollte man Sie ausnahmsweise nicht explizit danach fragen, achten Sie darauf, ob und wie viel Knoblauchsoße und wie viel des scharfen roten Gewürzes beigegeben werden - so vermeiden Sie unangenehme Überraschungen.

Im Winter werden oft Maronen, **Esskastanien** also, verkauft, nachdem sie über offener Holzkohleglut bis zur richtigen Weiche geröstet worden sind. Neben dem nussigen Geschmackserlebnis bieten sie eine willkommene Gelegenheit, sich die durchgefrorenen Finger aufzuwärmen.

Manche Gelegenheitsverkäufer erliegen der Versuchung, Getränke (hauptsächlich Dosen) am eigenen Stand zu verkaufen. Das ist natürlich verboten und funktioniert nur so lange, bis das Marktpersonal vorbeikommt. Auch der ambulante Verkauf von Speisen und Getränken an die Standinhaber für den Eigenbedarf aus einem nachziehbaren Handwagen ist untersagt, wird aber dennoch praktiziert.

Am anderen Ende des Verdauungssystems befindet sich der Gang auf die **Toilette**. Auf dem Flohmarkt meint das immer das Wagnis, eines der mobilen, hellblauen Toilettenhäuschen aufzusuchen. Diese sind ausnahmslos immer verdreckt und frei von jeglichem Toilettenpapier. Größere Geschäfte verbieten sich, und ansonsten können sich eigentlich auch nur Männer ohne Bedenken erleichtern. Wenigstens riechen die Häuschen infolge einer ultraresistenten Parfümierung erträglich.

Mancher Besucher kann sich nicht mal einen schnellen Snack leisten. **Armut** ist auf Flohmärkten ein allgegenwärtiges Thema. Viele kaufen oder verkaufen hier, weil ihnen andere Wege der Beschaffung oder des Verdienstes nicht offen stehen. Sei es aus Gründen mangelnder Qualifikation, psychischer Krankheit oder schlicht fehlender Sprachkenntnisse – die Ursachen finanzieller Schwäche oder gar Not sind mannigfaltig und alle auf dem Flohmarkt anzutreffen.

Es ist mir daher mit zunehmenden Einkünften auch immer ein besonderes Vergnügen gewesen, durch den Kauf direkte Hilfe leisten zu können. Leider haben meistens diejenigen, die am ärmsten sind, auch die uninteressantesten, schäbigsten Waren anzubieten. Manchem Stück sieht man die Herkunft vom Sperrmüll deutlich an. Einem nackten Mann kann man eben nicht in die Tasche greifen.

Entsprechend ihrer sozialen Verwahrlosung riechen auch manche Menschen auf dem Flohmarkt ziemlich streng. Ob aus chronisch unterlassener Körperpflege oder „nur“ infolge einer durchsoffenen Nacht - da hilft meistens nur, sie weiterziehen zu lassen und für einen Moment den aktuellen Stand plötzlich doch ungemein interessant zu finden.

Die Funktion der **sozialen Befriedung** durch Flohmärkte ist hoch einzuschätzen. Nicht nur, dass sich viele etwas nebenher verdienen, sondern es schlägt, wie ausgeführt, die stolze Zahl von über einer Million Erwerbshändler zu Buche. Es handelt sich bei Einkünften vom Flohmarkt um eine schwer zu kontrollierende Möglichkeit, neben staatlicher Unterstützung zusätzliche Einnahmen zu erzielen.

Auch durch die Bereitstellung vieler Waren des konkreten Bedarfs zu geringsten Preisen tragen Flohmärkte zur Entzerrung sozialer Probleme bei. Genannt seien hier als Beispiel warme Mäntel, die aus dem Altkleiderkreislauf recycelt werden. Auch andere Kleidungsstücke treten den Weg aus den Sammellagern der Wohlfahrtsverbände zum zweiten Träger an. Die gesammelten Textilien werden dort nämlich vorsortiert und zu einem Teil sackweise an Weiterverkäufer veräußert, die sie dann für ein paar Euro Stück für Stück auf dem Flohmarkt verkaufen.

So mancher Stand wird auch von sozialen Projekten betrieben, öfters natürlich auf Märkten in Kirchen oder sozialen Einrichtungen, aber auch im großen Stil als resozialisierende Maßnahme für Langzeitarbeitslose oder Abhängige.

Durch die **permanente Optimierung** der Alltagsgegenstände steigt in der Qualität natürlich auch das, was die Menschen nicht mehr brauchen, weil sie es durch etwas Besseres ersetzt haben.

Das wandert dann auf den Sperrmüll oder auf den Flohmarkt und kommt, da ja prinzipiell funktionsfähig, denen zugute, denen die bloße Funktion ausreicht.

Ein anrührendes Erlebnis hatte ich einmal in Berlin: Eine ältere Frau hatte selbst Grußkarten gebastelt und sich diese in einem durchsichtigen Duschvorhang mit Taschen über die Kleidung an den Leib gehängt. Sie verkaufte auf diese Weise quasi ihr vorletztes Hemd.

Viele, die es sich nicht leisten können, einen Stand zu bezahlen, besetzen ihn mit leicht zu entfernenden Waren und türmen, sobald die Kontrolleure der Marktgesellschaft sich nähern. Alternativ warten einige auch bis zum Ende des Marktes, wenn dieser schon offiziell beendet ist, und erschleichen sich auf diese Weise noch ein Stündchen Gratisverkauf.

Wer sich den Konflikt um den Stand auf dem Markt ersparen will, baut seine Waren gleich daneben, auf dem Weg zum Markt, auf. Dies ist allerdings ein aussichtsloses Unterfangen, denn auch die Einhaltung der Ordnung um das Marktgelände herum wird durch die Veranstalter überwacht. Als Verkäufer wird man am Stand immer wieder auch angebettelt. Ob das so der günstigste Ort ist, um zu betteln?

Nach Marktschluss wird von bequemen Verkäufern Einiges zur Entsorgung zurückgelassen. Das soll zwar durch die Zahlung von Standreinigungskautionen vermieden werden, wird aber immer wieder erfolgreich praktiziert. Diejenigen, die sich vorher nichts oder nur wenig kaufen konnten, versammeln sich, Aasgeiern gleich, an diesen Depots.

Wo Armut herrscht, ist die **Kriminalität** oft nicht fern. Im Umfeld des Reichtums übrigens auch, nur ist sie dort in der Regel besser getarnt. Ein ganz normaler Flohmarkt produziert Legionen von Eigentumsdelikten, vor allem Hehlerei, Betrug, Schmuggel, ebenso Diebstahl, Unterschlagung, Handel mit verbotenen Waren, Markenpiraterie und Diebstahl geistigen Eigentums. Auch einen handfesten Überfall habe ich schon am eigenen Leibe erlebt.

Gehehlt wird vor allem Unterhaltungselektronik, also Fernseher, Videorecorder, Stereoanlagen aus Einbrüchen, geklaute Handys, Fotoapparate und Videospielkonsolen samt den dazugehörigen Medien. Ebenso zweifelhaft ist das Eigentum an vielen Fahrrädern. Natürlich sind lange nicht alle solche Artikel dieser Herkunft, aber ein ausreichender Teil, um es an dieser Stelle zu erwähnen.

Besonders misstrauisch sollte man sein, wenn einem praktisch im Vorbeigehen hochwertige Dinge gezielt weit unter Preis angeboten werden. Diese könnten besonders „heiß" sein und vielleicht sogar vom rechtmäßigen Eigentümer gesucht werden, weshalb der Verkäufer es so eilig haben könnte, sie loszuwerden.

Einen **Betrug** stellt im Grunde jeder Verkauf dar, der in besserem Wissen um die tatsächliche Eigentumslage oder um die (mangelnde) Funktionsfähigkeit des Artikels geschieht. Der Verkäufer täuscht den Käufer darüber, ihm Eigentum an der Sache verschaffen zu können beziehungsweise, dass er einen intakten Gegenstand erwerbe.

Gerade der Verkauf defekter Ware geschieht mitunter sehr skrupellos. Ich habe einmal beobachten müssen, wie jemand Stereoanlagen und Boxen nach einem Regenguss einfach kopfüber ein paar Mal schüttelte, sie hierdurch von reichlich Wasser befreite und danach wieder zum Verkauf stellte, als sei nichts geschehen.

Je dreister jemand kaputte Sachen verkauft, desto schwerer wird man es auch haben, den Reinfall zu reklamieren. Die Reaktionen reichen von Leugnung des Verkaufs bis zum Vorwurf, den Anbieter in seiner Ehre zu beleidigen. Dem kommt man besser durch einen vorherigen Funktionscheck zuvor. Schade, dass diese Kollegen durch jene skrupellose Praxis das weit verbreitete Misstrauen gegenüber technischen Artikeln vom Flohmarkt schüren oder zumindest beibehalten.

Schmuggel wurde auf dem Flohmarkt bis vor einigen Jahren in großem Umfang mit Zigaretten betrieben. Zeitweise sollen auf dem Frankfurter Flohmarkt bis zu eine halbe Million Zigaretten pro Marktsamstag verkauft worden sein. Osteuropäische ambulante Händler boten einem aus auffällig großen Taschen stangenweise Zigaretten zum halben Ladenpreis an.

Seit einigen Jahren ist dies durch verstärkte Präsenz von Zollbehörde, Polizei und Ordnungsamt erfolgreich unterbunden worden.

Ein ähnlich lukratives Geschäft ist der Verkauf von Marken-Rasierklingen. Nur etwa ein Drittel unter Ladenpreis werden diese in rauen Mengen verkauft. Eine zunächst unauffällige, einfach zu transportierende Ware, die aber reichliche Gewinne abwirft.

Diebstahl am Stand betrifft hauptsächlich die Händler von Schmuck und anderen kleinen, hochwertigen, leicht zu entwendenden Waren. Auch Taschendiebstähle gelingen im mittäglichen Gedränge allzu leicht. Verstauen Sie ihre Barschaft besser irgendwo schwer zugänglich.

Unterschlagene Ware findet sich in Form von Medien, die Mitarbeiter oder Vertriebspartner von Medienunternehmen als Demos, zu Promotionszwecken oder zum Verkauf auf Rechnung der Firma erhalten haben. Seien es nun Bücher, CDs, Videos oder DVD, diese werden immer gerne gekauft und stellen somit einen großen Anreiz zum illegalen Verkauf dar.

Waffen, Abzeichen des Dritten Reiches und Pornografie sind zwar durch die Marktordnungen aller Veranstalter verboten, lassen sich aber unter der Hand auch des Öfteren erwerben. Exotische Felle und Tierhäute sowie –präparate mögen faszinierend sein, aber in vielen Fällen steht ihrem Export und Verkauf das Washingtoner Artenschutzabkommen entgegen. Wer beim Verkauf solcher Devotionalien vom Zoll erwischt wird, der auch gelegentlich auf dem Flohmarkt patrouilliert, muss mit empfindlichen Strafen rechnen.

An Ständen, die Wasserpfeifen (so genannte „Bongs") verkaufen, und bei Reggaespezialisten lassen sich manchmal auch die dazugehörigen Mittel zur Bewusstseinserweiterung erwerben.

Misstrauisch sollte man **vermeintlichen Markenartikeln** gegenübertreten, die einem neu und offensichtlich zu billig angeboten werden. Fast immer handelt es sich hierbei um Plagiate aus asiatischer Produktion. Oft bemerkt man die mangelnde Echtheit bereits an der mangelhaften Qualität. Am lustigsten finde ich die Imitationen, die sich bereits durch Rechtschreibfehler im Markennamen verraten.

Beliebte Vorbilder sind Jeans, andere Artikel von Jugend- und Trendmarken für Textilien, Designerware von Gucci, Armani, Chanel, auch Schmuck wird gerne gefälscht. Mit einem geübten Auge lassen sich die Fälschungen aber recht gut identifizieren. Auch gegen Plagiate gehen die Behörden neuerdings verstärkt vor.

Diebstahl geistigen Eigentums kommt hauptsächlich vor in Form von Raubkopien, schwarz gebrannten CDs, Software und anderer Medien. Aber auch hierauf wird verstärkt geachtet, und die Strafen im Falle der Entdeckung sind empfindlich.

Eine Liga „höher" anzusiedeln ist da noch der bewaffnete **Raubüberfall**, den ich am eigenen Leibe erfahren musste. Als Abiturient habe ich einige Zeit für eine Bekannte aus den USA gebrauchte Levi's Jeans verkauft. Das hat ziemlich viel Spaß gemacht und einen beachtlichen Nebenverdienst abgeworfen.

Bis zu dem Tag, an dem ich überfallen wurde. Ich weiß bis heute nicht, ob es die Ware an sich war oder vielleicht doch ein Auftrag der nicht zimperlichen Konkurrenz, der meine tieferen Preise ein Dorn im Auge waren. Jedenfalls blickte ich eines Wintermorgens im vollen Markttreiben in drei Pistolenläufe, die mir von einer jugendlichen Gang, zwar unter deren Jacken, aber doch deutlich erkennbar entgegengehalten wurden. Man bediente sich, mit etwa 20 bis 30 Hosen, und zog von dannen. Das war mir, obwohl Großstadtkind, dann doch zu viel, und ich stellte die Jeansverkäufe umgehend ein. Nicht nur für den Markttag, sondern komplett.

Die Vielzahl der genannten Unregelmäßigkeiten haben zum Beispiel die Portugiesen veranlasst, den Flohmarkt kurzerhand als *„feira de ladras"*, Markt der Diebe, zu bezeichnen. Tatsächlich kann man auch in Urlaubsländern, wenn einem Wertgegenstände abhanden gekommen sind, mit einer gewissen Chance rechnen, diese auf dem nächsten Markt wiederzufinden.

Trotz und gerade auch wegen all dieser Dynamik und Widrigkeiten muss natürlich versucht werden, den Markt als Ganzes einigermaßen organisiert über die Bühne zu bringen.

Hierfür sorgen die Angestellten der Flohmarktgesellschaft.

c) Angestellte der Flohmarktgesellschaft

Frühmorgens, eher noch zu nachtschlafender Zeit um 4 Uhr, kommt bereits Leben in das Marktgelände. Das stationäre oder mobile Büro (letzteres kann ein Kleinbus sein) öffnet, um für die letzten Buchungen vor Marktbeginn erreichbar zu sein und die für einen erfolgreichen Markttag anstehenden Arbeiten zu koordinieren.

Je nach Marktgröße finden sich ein bis zwei Dutzend Aushilfen ein, viele davon Schüler und Studenten, Arbeitslose oder Rentner und verteilen sich an ihre Einsatzorte.

Einige bauen die Mietstände auf, die später vormontiert mit Dach gegen erhöhte Gebühr vermietet werden. Andere machen sich an die Absperrung der Zufahrten. Außer Anliegern und Verkäufern kommt jetzt niemand mehr durch. Manchmal ist das nicht so leicht zu vermitteln, und so gibt es an diesen Posten auch mal hitzige Diskussionen darum, wer denn nun am Markttag weiterhin Zufahrt zum Sperrgebiet hat und wer nicht.

Ab dem Moment der Zufahrt der ersten Verkäufer kommt es, trotz meist eindeutiger Ausmessung und Kennzeichnung des Marktgeländes, zu kleinen Territorialkämpfen um einen halben Meter hier, einen Tisch mehr da. Hier kommen nun zum ersten Mal die **Standkontrolleure** zum Einsatz, müssen schlichten und die korrekte räumliche Nutzung der Standplätze überprüfen.

Bei diesen Auseinandersetzungen geht es nicht immer gesittet zu. Wer mit dem Gedanken spielt, bei einem Flohmarktveranstalter zu jobben, sollte wissen, dass zwischen Marktangestellten und Standmietern mitunter ein rauer Umgangston herrscht und auf jeden Fall Durchsetzungsvermögen gefragt ist.

Nachdem alle Stände soweit aufgebaut sind, also etwa eine Stunde nach der ersten Zufahrt, müssen die Verkäufer dazu gedrungen werden, die noch verbleibenden Autos zu entfernen, um die freie Zufahrt für Rettungsfahrzeuge zu gewährleisten. Dies gilt natürlich nicht für Märkte, bei denen das Auto am (= hinter dem) Stand geparkt werden kann.

Fahrzeuge, deren Halter sie nicht binnen der festgesetzten Frist entfernt haben, werden nach mehrfacher Aufforderung an die Halter über Megafon **kostenpflichtig abgeschleppt**. Das muss natürlich erst mal wieder verdient werden, und in der Regel verkauft man dann den ganzen Markttag lang nur für diese Kosten.

Im Anschluss daran gehen die Kontrolleure, die jeweils einen bestimmten Abschnitt betreuen, durch die Reihen und kontrollieren die Übereinstimmung von Buchungen und tatsächlicher Belegung. Wer bis dahin gratis verkauft hat, nimmt seine Sachen und die Beine in die Hand und sucht das Weite.

Der eine oder andere Verkäufer hat seinen Stand zu weit nach vorne ausgedehnt, wodurch der Gang zwischen den Reihen zum Engpass werden kann. Das ist nicht nur ungünstig, weil sich hier alle durchquetschen und nicht auf den Stand achten, sondern auch verboten, weil es die Fluchtwege versperrt.

Hin und wieder müssen die Kontrolleure auch schlichtend eingreifen, wenn es um Vorwürfe von Betrug oder Diebstahl am Stand geht. Unterstützt werden sie hierin manchmal von uniformierten Angestellten der städtischen Ordnungsbehörden oder von Polizeibeamten in Zivil.

Gegen Ende des Markttages werden besonders hartnäckige Verkäufer sanft, aber bestimmt, dazu gedrängt, das Marktende zu respektieren, abzubauen und von dannen zu ziehen. Clevere Veranstalter regeln dies zusätzlich mittels einer **Kaution**, die neben pünktlichem auch das Verlassen des Standes in gereinigtem Zustand gewährleistet. Diese wird an der Ausfahrt des Marktgeländes zurückerstattet.

Unmittelbar nachdem der letzte Verkäufer das Gelände verlassen hat, geht der Reinigungstrupp ans Werk und die Leihstände der Marktgesellschaft werden wieder abgebaut.

Der schnelle und reibungslose Ablauf dieser Nachbereitungen ist besonders von Bedeutung bei Märkten in frequentierten Innenstadtlagen. Binnen ein, zwei Stunden ist der Marktplatz wieder zur Durchfahrt freigegeben und nichts erinnert mehr daran, dass hier noch vor Kurzem zwischen Tonnen von Trödel ein buntes Treiben geherrscht hat.

ORANJEBITTER FLADDERAK SCHILLETJE BE

Waren

Was kauft wer und warum? Was kauft man eigentlich „mit", wenn man etwas kauft? Was wird über die Waren transportiert, was vermittelt der Kauf? Diesen und weiteren Fragen wollen wir nun auf den Grund gehen.

Flohmarkt ist **Sinnsuche**, Suche nach der eigenen Vergangenheit, nach dem, was bleibt. Er ist auch Fenster zu einer Zeitreise in vergangene Tage, gibt einem die Möglichkeit, den Zeitgeist früherer Epochen zu erhaschen. Mancher freilich will die alten Zeiten gar nicht reanimieren. Er bleibt dem Flohmarkt dann prinzipiell fern.

Abgesehen von dieser Haltung, die ich als **Leugnung** oder Verdrängung bezeichnen würde, kann man seine Vergangenheit auch gezielt **suchen** oder zumindest versuchen, sich mit ihr zu **versöhnen**. Das Verhaltensmuster der Leugnung habe ich häufig angetroffen bei den Generationen, die vor dem oder im Zweiten Weltkrieg groß geworden sind, verständlicherweise.

Wohl dem, der eine tatsächlich so glückliche Kindheit hatte, dass er sich ungetrübt freuen kann, alten Bekannten unter den Dingen über den Weg zu laufen. Der Rest kann immerhin noch versuchen, sich mit dem Gewesenen zu versöhnen. Ein Glück, dass das menschliche Gedächtnis Erinnerungen positiv selektiert. So erklärt sich auch, warum viele von der „guten alten Zeit" schwärmen und diese nicht zuletzt auf dem Flohmarkt wiederfinden.

Der Kauf **neuer Ware** im stationären Einzelhandel stellt hingegen einen zukunftsorientierten Akt dar. Man kauft am liebsten gute Qualität, denn die wird ja noch eine Weile halten. Am liebsten für die Ewigkeit, wie man auch selbst gerne unvergänglich wäre. Neue Ware vermittelt die Illusion von Makellosigkeit,

Reinheit und Jugend. Im Kauf von Neuware manifestiert sich ein Wille zur Veränderung, zur Weiterentwicklung.

Mittels gebrauchter Ware hat sich schon jemand vor mir **soziale Möglichkeiten** erschlossen, attraktiv wirken können. Das könnte meine Vorfreude auf die positiven Erlebnisse, die ich mir von Kauf und Gebrauch der Ware verspreche, schmälern. Ich persönlich sehe hierin einen der Hauptgründe, warum viele Menschen unbewusst Vorbehalte gegenüber gebrauchten Gegenständen haben. Der Akt der **ersten Inbesitznahme** hat bereits stattgefunden, der Artikel ist quasi „entweiht". Schlimmer noch, jemand bringt durch das Anbieten auf dem Flohmarkt zum Ausdruck, keinen Wert mehr darauf zu legen.

Das ist, so betrachtet, zugegebenermaßen nicht besonders attraktiv. Aber werden Dinge wirklich dadurch schlechter, dass sie bereits jemand Anderes benutzt hat? Das scheint mir ein ziemlich egoistischer Standpunkt zu sein.

Es gibt auch den entgegengesetzten Effekt, nämlich die **Wertsteigerung durch Gebrauch**. Nicht von ungefähr werden auf großen Auktionen Reliquien von Berühmtheiten für aberwitzige Summen versteigert. Hier führt also plötzlich der Gebrauch dazu, dass man sich darum reißt, die Dinge als Nächster zu besitzen. Man denke nur an Papstautos, eingetretene Türen aus WM-Umkleidekabinen oder, besonders lecker, ein von Britney Spears angeknabbertes Sandwich, das für einige Hundert Dollar den Besitzer wechselte ... Ob wohl ein Prominenter auf einem Flohmarkt auch höhere Preise nehmen könnte? Wahrscheinlich ...

Der Konsum der Dinge, die die Zeit überdauert haben, ruft neben der Suche nach dem Bleibenden auch die Auseinandersetzung mit der eigenen **Vergänglichkeit** hervor. Die Sachen halten einem anhand von Erinnerungen das eigene Alter vor und weisen einen durch ihre Gebrauchsspuren auf die selbst erlittenen Schädigungen und Verletzungen hin. Aber auch auf die Tatsache, alledem erfolgreich getrotzt zu haben. Besonders plastisch halten einem diesen Effekt Dinge vor Augen, die über die Zeit mehrmals in unterschiedlichen Farben gestrichen wurden und deren **Lackschichten** nun unterschiedlich tief abgeplatzt sind. Der Lack mag ab sein, aber die Substanz ist zäh und widersetzt sich dem Verfall so gut sie eben kann.

Je älter eine Sache ist, desto mehr Umzüge, Entrümpelungen und Erbschaften hat sie **überstanden**. Sie ist über die Zeit mehreren Menschen wert erschienen, behalten und nicht entsorgt zu werden. Trotz dieses Umstandes habe ich bisher davon abgesehen, mich ausschließlich mit Antiquitäten zu umgeben. Ich fühle mich dafür mit Mitte dreißig noch nicht alt genug. Nebenbei bemerkt fehlt mir auch das nötige Kleingeld.

Die Mehrzahl der Männer versucht dem eigenen Verfall durch technische Spielereien und den mobilen Geschwindigkeitsrausch zu entgehen. Frauen nehmen aus der gleichen Motivation der Salben- und Cremeindustrie horrende teure Mittelchen ab. In der **bewussten Auseinandersetzung** mit der Vergänglichkeit kann man sich zumindest damit trösten, die gelebte Zeit intensiver reflektiert zu haben. Auch bei 310 km/h und unter zentimeterdicken Schichten Anti-Aging-Creme altert man.

Gerade die Verkürzung der **Trendzyklen** im Konsumgüterbereich, die die Konjunktur am Laufen halten soll, gibt Anlass, sich den zeitlosen, beständigen Dingen zu widmen. Einem zeitgeistig beeinflussten Industrieprodukt kann man ansehen, wann es hergestellt wurde. Nicht aber solchen Artikeln, die bereits (und aus gutem Grund) seit langer Zeit aus den gleichen hochwertigen, natürlichen Materialien und auf die gleiche Weise hergestellt werden. Sie trotzen der Gefahr, aus der Mode zu kommen, ganz einfach, weil sie noch nie (oder immer, wie man es sieht) à la mode gewesen sind. Gleichzeitig kann sich auch der auf den ersten Blick **paradoxe Effekt** ergeben, dass man seine Zukunft in den Dingen von früher sucht, einfach, weil sie noch hochwertiger und für einen längeren Gebrauch produziert wurden.

Ein besonders ausgeprägter Aspekt der Suche erscheint mir ein Gefühl von Sicherheit, das zum Beispiel durch den Wiedererkennungswert von alter **Reklame** vermittelt werden kann. Jedem fallen zum Flohmarkt, vielleicht neben Klamotten und Büchern, mit zu allererst alte Emaille-Reklameschilder oder alte Blechdosen mit Werbeaufdruck ein.

Warum werden diese in so hohem Maße gesucht und auch angeboten, ja heute von einem ganzen Industriezweig neu aufgelegt? Sie vermitteln eine Kontinuität, etwas, das im sich ständig wandelnden Umfeld gleich geblieben ist, somit ein Sicherheitsgefühl im gleich Gebliebenen.

In der Tatsache, dass die **Logos der Markenartikler** heute noch aussehen wie vor 100 Jahren, ist das Beständige des Artikels an sich gesteigert. Nicht nur, dass da etwas mehrere Kriege und lange Zeit überdauert hat, nein, es sah auch damals schon genauso aus wie heute.

Alte Reklame vereint die Mystik der Marke, die mit viel Aufwand über lange Zeit aufgebaut wurde, mit der Mystik des Alten, das Dingen aus vergangenen Zeiten ohnehin innewohnt. Wer würde diesen Effekt leugnen angesichts eines Standes voller alter Coca-Cola-Flaschen, Jägermeister-Aschenbecher, Maggi-Schilder und Pelikan-Schreibetuis?

Interessanterweise entstammen die meisten wirklich großen Marken den Bereichen Ernährung, Pflege, Zigaretten und Alkohol. Hier ist offensichtlich aus dem Bedürfnis nach Kontinuität in Grundbedürfnissen und Süchten Kapital geschlagen worden.

Damit erklärt sich auch die Macht solcher Symboliken.

Sie haben ihren Ursprung übrigens in der Zeit, als die ersten

Supermarktketten mit Selbstbedienung aufkamen. Bis dahin hatte im kleinen Laden am Eck der Kaufmann die Grundnahrungsmittel aus großen Säcken vor den Augen der Kundschaft portionsweise verpackt und somit Vertrauen geschaffen. Dieses Vertrauen musste nun, bei bereits abgepackter Ware, die Marke erwecken.

Leider werden, wie erwähnt, viele Waren heute schon von vornherein **„auf alt gemacht",** sei es im Design, der Oberflächenbehandlung oder anderen Merkmalen. Ich habe solche Dinge immer als Verrat an der Originalität empfunden, aber es gibt anscheinend auch hierfür eine ausreichend große Nachfrage.

Besonders ekelhaft finde ich immer diejenigen Artikel, die auf plumpe, klischeehafte Art an die Nostalgie appellieren, wie emaillierte Bärchen oder schlechte Kopien alter Kaffeemühlen. Ganze Stände solcher Repliken werden aufgefahren, sehr zum Leidwesen derer, die an authentischer Nostalgie interessiert sind.

An die Verarbeitungsqualität und die hochwertigen Materialien tatsächlich antiker Waren reichen diese „Epochen-Plagiate" nicht heran. Man denke nur an einen schönen, alten Schrank aus Vollholz, hergestellt nach den Regeln der Schreinerkunst. Hat man aber tatsächlich einmal ein schönes, altes Stück ergattert, sollte man nicht zögern, einen angemessenen Preis dafür zu bezahlen. Der Abstand dieses Preises zu dem, was an anderer, institutionalisierter Stelle wie beim Antikhändler gefordert wird, reicht allemal aus, um auch **Restaurierungsarbeiten** zu decken. Schränke aufarbeiten zu lassen oder Stühle neu polstern zu lassen erhält die wertvolle Substanz und stellt einen bewussten Akt gegen die Wegwerfkultur dar.

Ich habe mir auch schon so manches Mal ein Kleidungsstück oder andere Artikel für billiges Geld gebraucht gekauft und später für mehr Geld als den Flohmarktpreis an meine Größe oder speziellen Bedürfnisse anpassen lassen.

Gegen die Wegwerfkultur ist seit einigen Jahren auch ein gehobener Versandhandel angetreten, mit dem Slogan „Es gibt sie noch, **die guten Dinge**". Das ist völlig richtig, aber eben nicht nur dort kann man sie finden, sondern auch auf dem Flohmarkt. Meiner Wahrnehmung nach gibt es hauptsächlich zwei Wege zu persönlicher Entwicklung auf dem Gebiet des kultivierten Lebens im häuslichen Bereich. Entweder man überlässt Auswahl und Bereitstellung anderen und bezahlt richtig teuer dafür. Oder man begibt sich auf die Reise über die Märkte. Dort findet man dann über die Zeit die wahren Originale.

Das Schöne, das Faszinierende an diesen hochwertigen Dingen ist neben edlem Material und gelungener Formgebung oft in der **Urtümlichkeit ihrer Anwendung** zu sehen. Haben Sie schon einmal Kaffee mit einer alten Mühle gemahlen? Wäsche auf dem Waschbrett gewaschen? Fleisch durch den Wolf gedreht? Diese und viele andere sinnliche Prozesse erschließen Ihnen die traditionellen Haushaltsgeräte. Es braucht halt alles ein bisschen länger, geschieht dafür aber auch bewusster.

Bei manchen Dingen ist die **Funktion** heute gar nicht mehr nachvollziehbar, einfach **unbekannt**. Über die Jahre vergessen worden, weil die Tätigkeit, zu der man ihrer bedurfte, heute keine Rolle mehr spielt oder längst von Maschinen übernommen worden ist.

Gerade alte Küchen- und Haushaltswerkzeuge stellen einen nicht selten vor ein Rätsel: Wozu wurde das benutzt? Bereitete man etwas damit zu, diente es zur Reparatur, zur Produktion? Genauso wie wir kaum mehr Essen selbst zubereiten, wird immer weniger repariert, sondern im Zweifel gleich durch einen neuen Artikel ersetzt, mit allen Folgen für den (handwerklichen) Arbeitsmarkt und natürlich für die Umwelt.

Im Dreischritt „selbst machen" – „außer Haus machen lassen"

– „macht nichts, weg damit!" sind die beiden ersten Varianten kaum mehr vertreten. Dabei kann gerade angesichts der vielfach abstrakten, als sinnentleert empfundenen Arbeitswelt der heimische Umgang mit überlieferten Methoden sehr befriedigend wirken. Man stellt etwas unmittelbar selbst her, oder versetzt es in den ursprünglichen, intakten Zustand. Das Ergebnis liegt umgehend vor und kann als Erfolg produktiven Schaffens genossen werden.

In der Qualität der Ausführung eines Werkzeuges spiegelt sich die damalige soziale **Bedeutung der Tätigkeit** wider, zu deren Erledigung es hergestellt wurde. Nähmaschinen und die dazugehörigen Tische stellen heute in vielen Wohnungen einen prächtigen Blickfang dar. Schmiedeeiserner, kunstvoll ineinander verschlungener Unterbau, edles Holz und Einlagen aus Perlmutt unterstreichen die enge Beziehung, in der frau in früheren Tagen zu ihnen stand.

Auch erst kürzer zurückliegende **Epochen werden reanimiert**: Die Wiederbelebung von Stilelementen vergangener Jahrzehnte im Design gerade von Textilien und Gebrauchsgegenständen zielt auf die kaufkräftigen Singles und älteren Kunden, die hierin ihre eigene Kindheit zurückkonsumieren wollen.

Im Moment sind entsprechend dieser Theorie und in schöner Übereinstimmung mit der allgemeinen Aufschwungseuphorie gerade die Fünfziger und Sechziger dran, nachdem die Siebziger nun wirklich hinreichend recycelt worden sind. Ich jedenfalls kann kein Orange, kein Knallgrün und kein Knallgelb mehr sehen.

Manchmal weiß man gar nicht so genau, wer wen beeinflusst: der Zeitgeist das Angebot auf dem Flohmarkt oder nicht vielleicht auch ein bisschen die retro-trendigen Originale, die man auf dem Flohmarkt findet, die aktuelle Mode. Agenturen schicken ihre Trendscouts jedenfalls auch auf den Flohmarkt, und so mancher Aufguss spezieller Artikel mag hier seinen Anfang genommen haben.

Zu meinen eigenen eindrucksvollsten **Kindheitserinnerungen** an die siebziger und achtziger Jahre gehört ein Memory-Spiel, das ich jahrelang mit meiner Mutter und meiner Großtante gespielt habe. Ebenso ein Jojo in Form eines Breitreifens mit Alufelge, das Mitte der Achtziger auf allen Schulhöfen zu finden war und das Flohspiel, das ich allerdings meinerseits schon von meinen Eltern vermacht bekam. Mit großer Freude fand ich auch einen Nachziehhund und das Fisher-Price Parkhaus mit Tankstelle und Aufzug zum Kurbeln. In regressiven Momenten hat es mich dann schon auch einmal gejuckt, diese Dinge tatsächlich zu erwerben. Es wäre allerdings nur ein untauglicher Versuch gewesen, die einfachen Gewissheiten der Kindertage zurückzuerlangen.

Abstrahiert man die Erinnerung von der eigenen Person, so kann man anhand der Gesamtheit von Waren einer bestimmten Epoche viel über den herrschenden **Zeitgeist** erfahren. Die Enge der Fünfziger in den Nierentischen und den piefigen Designs, die Aufbruchsstimmung der späten Sechziger und der Siebziger im Space Age-Design von Verner Panton und Konsorten.

Gerade letztgenannte Jahrzehnte fanden ihre Auferstehung nicht von ungefähr zu einer von zunehmender Arbeitslosigkeit und allgemeiner Depression bestimmten Zeit. Kündeten doch die fröhlichen, bunten Formen von einer Zukunftsgläubigkeit, die einer Phase entstammt, zu der Vollbeschäftigung herrschte. Die Strahlkraft dieser Ware brachte eine amerikanische Touristin, die in Begleitung ein Geschenk für eine Freundin suchte, an meinem Stand einmal sehr trefflich auf den Punkt: Die Dinge seien „too funky". Kann man ein schöneres Lob erhalten?

Aktuell wird versucht, dem herbeigewünschten Aufschwung parallel auch die Mode der letzten entsprechend markanten Phase, nämlich der 1950er und 60er Jahre, zu reanimieren. Meiner Einschätzung nach werden die Designobjekte der Nachkriegsjahrzehnte, für die auch derzeit schon beachtliche Preise gezahlt werden, in wenigen Jahrzehnten Preise erzielen wie aktuell Jugendstil oder Art déco. Sie stellen somit auch lohnenswerte Investitionen dar. Bereits seit einigen Jahren haben Händler, die dies erkannt haben, begonnen, spezielle Märkte für Design der 50er bis 70er Jahre zu veranstalten. Das Preisniveau nimmt sich aus wie auf Antikmärkten und kann einem schon die Tränen in die Augen treiben.

Typische Objekte der Gebrauchskunst wie Vasen oder Gläser können um sich herum eine **ganze Ära** wieder auferstehen lassen, wenn man sich ihrem Eindruck intensiv genug hingibt. Sie stellen eine Art materieller Essenz der Epoche dar. Dinge, die dies in ganz besonders ausgeprägtem Maße tun oder inzwischen selten geworden sind (am besten beides) stehen schon im Museum, Dinge, die dem bisher nur nahe kommen, noch auf dem Flohmarkt.

Auch hierzu wieder ein sehr treffender Passus von Winter (S. 250): „Es ist auch und gerade das privatöffentliche Engagement von vielen, die in die Trödelmarktszene involviert sind, ohne welches eine derartige Ausstellung auf Dauer undenkbar wäre, wobei anzumerken bleibt, dass keinem öffentlichen Museum ein derart großer Apparat an finanziellen und personellen Ressourcen zur Verfügung steht."

Dies ist der Aspekt des Flohmarktes, der für mich die **Zeitreise** bewirkt, der den Horizont in die Generationen vor uns erweitert und einen auch vieles besser verstehen lässt. Der Flohmarkt bietet käufliche Zeitgeschichte, der man sich mit

Freuden hingeben kann.

Durch gezielte Ansammlung von Möbeln und Design aus einer bestimmten Stilepoche kann dies nach Belieben auch daheim zu einem Dauerzustand erweitert werden. In exzessiven Formen kann das auch Züge von Realitätsflucht annehmen. Wenn einem das eigene Umfeld ästhetische Stimmigkeit suggeriert, lassen sich Unstimmigkeiten im Leben besser ertragen.

Antiquitäten können zum einen auch die Funktion haben, sich mit den Dingen aus der eigenen Jugend zu umgeben. Ich habe aber auch noch eine weitere Theorie: Wer sich mit sehr alten Dingen umgibt, kann sich zwischen diesen relativ jünger fühlen. Eine trostreiche Methode, wie ich finde. Diese oder ähnliche Ansätze verfolgt seit einigen Jahren eine Gruppe deutscher Altenheime, die ihre Schäfchen in mittels originaler Möbel und Accessoires zeittypisch eingerichteten Räumen betreut.

Sehr aufschlussreich sind auch Sach- und Fachbücher aus der Vergangenheit. In ihnen offenbaren sich die vorherrschenden Denk- und Sichtweisen ganz offen, wenn auch nur mit etwas mehr Aufwand zu erlesen. Hingegen kann man die zahlreichen Sportjahrbücher, Fotojahrbücher und Sonderausgaben zu Großereignissen wie Olympiaden ebenso schnell rein visuell konsumieren wie zeitgenössische Gebrauchskunst.

Auf einen wahren Schatz an Zeitgeistspiegelung wurde ich eines Tages auf einem Markt aufmerksam. Hier verkaufte jemand noch geschlossene (!) **Fototüten** aus einem Drogeriemarkt der späten Sechziger. Sie durften probeweise geöffnet werden, und so ereilten einen ungefiltert die Erinnerungsfotos der damaligen Fotokunden.

Mangels konkreter Verwendung ließ ich sie dann doch da, sie waren auch schon ein bisschen trübe geworden. Aber der voyeuristische Aspekt dieser Ware faszinierte mich schon sehr, auch wenn es sich hauptsächlich um Aufnahmen Wirtschaftswunder genährter Endfünfziger in Hollywoodschaukeln handelte. Neugierde aller Art ist natürlich (wenn auch auf dem Flohmarkt in Form der Altgierde) eine starke Triebfeder jeglichen Konsums und birgt immer auch einen Hauch von Abenteuer.

Auf diese Weise habe ich schon viele Flohmärkte ohne greifbares Ergebnis verlassen, aber mit Legionen von Erinnerungen und Assoziationen. Man erschließt sich eine zweite, abstrakte Ebene des Konsums, die genauso Zufriedenheit hervorruft wie der erfolgreiche Beutezug. Wenn man den Geist nur ausführlich genug hat schweifen lassen können, hat man eine aufregende Reise durch Raum und Zeit hinter sich gebracht. Um diese auf Dauer auch daheim aufrecht zu erhalten, sollte man freilich auch etwas (kaufen und) mitnehmen.

Irgendwann ist der Kopf auf einem größeren Markt auch einfach voll. Es ist mir bisher zwar eher selten passiert, aber einige Stunden intensiven Scannens können einen an den Rand seiner visuellen Kapazitäten führen.

Betrachtet man das Potenzial des Flohmarktes, einen zu erinnern und einen frühere Zeiten plastisch anhand von Artikeln erneut erleben zu lassen, müsste der Gang auf den Flohmarkt folglich mit **zunehmendem Alter** immer interessanter werden. Mehr vergangene Zeit bedeutet mehr Erlebtes, an das man durch mehr Dinge erinnert werden kann. Ich freue mich heute schon darauf.

Die Streifzüge über den Trödelmarkt haben bei mir über die Zeit eine Art tiefer **kultureller Verwurzelung** geschaffen, etwas wie eine materielle Erdung des Geistes vergangener Epochen oder entlegener Gebiete der Welt. Natürlich kann es sich hierbei immer nur um Fragmente handeln, aber oft schon haben sie sich auf Reisen als zutreffende Vorahnung auf das herausgestellt, was ich vor Ort tatsächlich vorfand.

Anknüpfend an die bereits erwähnten Altkleider, möchte ich noch einmal den **Recyclingaspekt** des Flohmarktes unterstreichen. Gerade Haushaltsgeräte, die energie- und rohstoffintensiv produziert werden müssen, und Unterhaltungselektronik werden in großen Stückzahlen der zweiten Hand zugeführt. Manchmal auch der dritten oder vierten. Den Beweis ihrer hervorragenden Qualität erbringen diese Dinge allein durch ihr schieres Alter.

Hierdurch wird die Umwelt von den für die Neuproduktion nötigen Belastungen befreit. Voraussetzung für solche Transaktionen ist aber stets, dass man sich von der Funktionsfähigkeit überzeugen kann. Auch viele unverrottbare Waren aus Metall oder Plastik finden weitere Verwendung, anstatt energieaufwendig verbrannt oder eingeschmolzen werden zu müssen.

Es soll ja sogar Leute geben, die alle paar Jahre der Mode halber ihre ganze Einrichtung wechseln. Ob die sich wohl schon mal Gedanken darüber gemacht haben, wie rohstoff- und energieaufwendig die Herstellung einer kompletten Einrichtung ist, weiterhin der mehrfache Transport bis zum Endverbraucher?

Im Grunde existiert durch die permanente **Überproduktion** in den westlichen Ländern alles sowieso schon in ausreichender Zahl für alle. Als Folge dessen kann eigentlich nur noch die Form, das Design verbessert werden, was ja auch kräftig getan wird. Viel reizvoller erscheint es mir allerdings, den Unterschied zur Massenware nicht in sündhaft teuren Designstücken zu suchen, sondern in den traditionellen, hochwertigeren Produktionsformen und Materialien der Vergangenheit und der für die jeweilige Epoche typischen Gestaltung.

Wer, anstatt noch mehr Geld für immer ausgefeiltere Produkte verdienen zu müssen, den Unterschied von der Massenware auf dem Flohmarkt sucht, kann sich, anstatt Geld heranschaffen zu müssen, den höheren Dingen widmen. Zum Beispiel der Verbesserung seiner zwischenmenschlichen Beziehungen oder einer karitativen Tätigkeit.

Ein **Kleidungsstück** kann einen regelrechten **Kreislauf** beschreiten: von der Boutique oder dem Kaufhaus in die Altkleidersammlung, von dort zum professionellen Weiterverkäufer. Dieser Lumpensammler bietet es für einen Euro auf dem Flohmarkt an, wo es der Inhaber eines Secondhand-Standes für interessant erachtet und ankauft. Er kann es erheblich teurer losschlagen an einen Kunden oder eine Secondhand-Boutique, von wo aus es eventuell über weitere Stationen zurück in die Altkleidersammlung wandert. Und wenn es nicht verschlissen ist, so wandert es noch heute. Durch den dieserart neu angeleierten, mehrfachen Weiterverkauf wird eine völlig neue Wertschöpfungskette in Gang gebracht: anstatt auf der Halde zu landen bringt der Artikel erneut mehreren Beteiligten Einnahmen.

Abgesehen von der Funktion des Recyclings der Dinge wird durch den Wiederverkauf, an dessen Stelle die Entsorgung träte, auch die vermittelte **Ideenwelt konserviert** und bleibt somit in der Welt. Der Geist der Dinge, die zum Wegwerfen zu schade sind, lebt weiter. An der einen Stelle Unerwünschtes, Überflüssiges, Abgelegtes bekommt ein neues Heim, einen neuen Kontext, eine neue Rolle und Bedeutung. Was eben noch völlig unspektakulär erschien, kann schon in der nächsten Wohnung oder am nächsten Menschen provozieren und Aufsehen erregen.

Flohmarktfans scheinen mir auf diese Weise **materiell gebundene Postmaterialisten** zu sein. Materie in Form der Ware ist zwar notwendig, letztlich aber nur in einer untergeordneten Rolle als Transporteurin von Zeitgeist und kulturellem Niveau. Nicht die materiell besonders wertvolle, teure Sache ist erstrebenswert, sondern die, die den gesuchten Geist am typischsten verkörpert.

Es geht darum, sich mittels der Gegenstände, mit den Gegenständen, einem ästhetischen und kulturellen Ideal anzunähern. So zum Beispiel durch Farbenfreude und Formenvielfalt oder durch Dinge, die durch Material und/oder Produktionsweise im Einklang mit der Natur stehen. Die Einheit mit der dahinterstehenden Idee kann einem sehr viel Befriedigung verschaffen.

Woher kommen eigentlich die ganzen Waren, aus welchen Quellen treten sie ihren Weg auf den Markt an? Normalerweise beginnt man mit dem Verkauf des Bestandes von Keller und Dachboden sowie irgendwelcher ominöser dunkler Löcher in der Wohnung. Nehmen Sie sich einmal die Zeit und machen Sie sich den Spaß, dort stöbern zu gehen. Sie werden erstaunt sein, wie viel sie finden werden, das sie nicht mehr brauchen, garantiert nie wieder. Falls Sie dann tatsächlich immer noch nicht selbst die Lust verspüren, einmal (wieder) verkaufen zu gehen, kennen Sie bestimmt jemanden, der sich freuen würde, dies für Sie zu übernehmen.

Auf Speichern, Dachböden, in Kellern und Abstellkammern modert **jede Menge Geld** unnütz vor sich hin. eBay geht infolge einer Marktforschungsstudie von gut 1.000 € aus, die jeder der über 30 Millionen deutschen Haushalte durch Trödelverkauf einnehmen könnte. Hochgerechnet ergibt sich der fantastische Betrag von **über 30 Milliarden Euro**! Es handelt sich bei der Trödelei mit diesem Umsatzpotenzial und über einer Million professionell Involvierter somit definitiv um einen beachtlichen Wirtschaftszweig, zu dessen angemessener Wahrnehmung ich mit diesem Buch einen gehörigen Beitrag leisten möchte.

Auch wenn diese mehr als 30 Milliarden Euro zunächst auf dem Graubereich Flohmarkt umgesetzt würden, käme das Geld wahrscheinlich spätestens beim nächsten Einkauf wieder der „regulären" Wirtschaft zugute.

Ich versuche mich, auch angesichts diese Potenzials, als eifriger Flohmarktgänger schon aus Selbstschutz, so weit wie möglich **von Materie frei** zu halten, die ich nicht brauche. Wieder und wieder unterwerfe ich mein Besitztum kritischen Blicken und sondere solche Dinge aus, die ich noch nie benutzt habe oder deren Zweck sich inzwischen für mich erfüllt hat. In meine letzte Wohnung bin ich vor fünf Jahren, immerhin fast dreißig Jahre alt, mit nur 12 Umzugskisten eingezogen. Diese spartanischen Dimensionen habe ich auf Dauer allerdings leider nicht annähernd halten können.

Diesem Zweck dient auch das von mir so genannte **„Ersatzprinzip“:** Sobald ich von einem Artikel des täglichen Gebrauchs eine wertvollere oder ästhetischere Variante gefunden habe, wandert das Gute, das jetzt im Besseren seinen Feind gefunden hat, wieder in den Flohmarktbestand.

Bezogen auf Bekleidung erscheint mir dies gerade für Frauen ein wertvoller Tipp; meistens trägt man ja doch nur 10-20 Lieblingsstücke reihum und der Rest fristet ein Schattendasein in den Tiefen und Winkeln des Kleiderschrankes. Durch die Verkleinerung dessen kann man nicht zuletzt auch Raum zum Wohnen und zur eigenen Entfaltung hinzugewinnen. Die Loslösung von Überflüssigem bereitet einem, auch im Bewusstsein, Raum für Neues. Man entledigt sich zusammen mit den unnützen Dingen auch unliebsamer Erinnerungen an frühere Phasen, mit denen man lieber nichts mehr zu tun haben möchte.

Plunder und Gerümpel, die man aus unklaren Motiven oder aus reiner Bequemlichkeit, sie zu entsorgen, aufhebt, belasten und stören nur. Das muss gar nicht die extremen Ausmaße annehmen wie bei den sogenannten „Messies“; es reicht schon, wenn einem etwas zu viel im Weg steht oder die Schublade blockiert.

Wenn Keller, Dachboden und Kabuff geplündert sind, werden Freunde und Bekannte gefragt, einem Dinge mitzugeben, entweder als Spende oder zum Verkauf in deren Namen, auf

Kommission. Irgendwann ist auch diese Quelle erschöpft. Wenn man am Verkaufen Gefallen gefunden hat und sich an den regelmäßigen Nebenerwerb gewöhnt hat, muss man sich jetzt etwas einfallen lassen. Kriminelle Besorgung wollen wir an dieser Stelle außer Acht lassen.

Man kann durch die jeweils wöchentlich wechselnden **Sperrmüllgebiete** pilgern. Das lohnt sich aber nicht wirklich, denn die meisten Dinge landen zu Recht auf dem Sperrmüll. Häufigen Erzählungen älterer Flohmarkthändler zufolge ist das aber nicht immer so gewesen.

Vor einigen Jahrzehnten, zu Beginn der größeren, regelmäßig stattfindenden Flohmärkte, soll man des Öfteren noch Stil- und Designmöbel achtlos auf den Bürgersteig gestellt vorgefunden haben. Mit der zunehmend prekären Situation vieler und dem wachsenden Bewusstsein, mit alten Dingen noch Geld verdienen zu können, sind solche Funde aber eher selten geworden.

Ich habe von Zeit zu Zeit einen Traum, in dem ich durch einen wohl situierten Vorort laufe und vor jedem der gepflegten Vorgärten ein ansehnlicher Haufen zeitgeistig wertvollen Sperrmülls auf mich wartet. Ich bin mir wirklich nicht sicher, ob es sich dabei ausschließlich um eine Vision handelt oder nicht vielleicht doch authentische Erinnerungen aus den späten Siebzigern mitschwingen.

Nach der Ausschöpfung aller vorgenannten Quellen fangen viele an, Posten von Neuware anzukaufen, was dann am Stand auch negativ wahrgenommen werden kann. Eine Übergangsform vom Nebenerwerbsverkäufer zur eingehenderen Beschäftigung mit der Frage, wie man bei stockendem Warennachschub den Umsatz aufrechterhalten kann.

Auf eBay finden sich permanent **Restbestände von Flohmarktbeschickern**, die irgendwann doch des Hobbys leid geworden sind und nun 10, 20 oder sogar mehr Bananen- oder

Umzugskisten für ganz billiges Geld losschlagen. Recherchieren Sie zum Beispiel „Flohmarkt-Kisten".

Ein nahe liegender Weg der Besorgung ist sicher auch, auf dem Flohmarkt **selbst anzukaufen** und mit Preisaufschlag weiterzuverkaufen. Ein Weg, den ich selbst seit einiger Zeit schon praktiziere. Hierbei muss man allerdings einiges beachten. Der praktische Teil „Verkaufen auf dem Flohmarkt" enthält hierzu Anregungen und Hinweise.

Zu dieser Variante bekam ich letztens eine sagenhaft anmutende Anekdote erzählt: Auf einem eigentlich tristen, mir bekannten Markt auf einem Baumarktparkplatz traf ein Händler des Morgens ein, mit nichts als einer Decke. Diese breitete er aus. Ohne Ware darauf. Sodann streunte er eine Viertel- bis halbe Stunde über den Markt, kaufte dieses, kaufte jenes. Hernach drapierte er es ansehnlich auf bewusster Decke und verkaufte es bis Marktende restlos ab. Nach Beobachtungen seines Standnachbarn, dem ich diese Anekdote verdanke, hat er hierbei beträchtlichen Gewinn verbuchen können. Und ich mache mir immer Gedanken, wie ich meinen Krempel zum Markt bekomme ...

Beliebt sind auch die **Versteigerungen der Fundbüros** von Bahn und Flughafen. Hier erwirbt man gegen Gebot um die 50, 100 Euro ganze Koffer mit der Hoffnung auf den ganz großen Coup, vielleicht eine Videokamera oder ein Laptop ... Die Koffer sind nämlich, zumindest nach Angaben der Versteigerer, zuvor nicht geöffnet worden und werden daher unbesehen des tatsächlichen Inhaltes versteigert. Hat man Pech, erwischt man nur einen Koffer voller dreckiger Wäsche.

Wer wirklich dauerhaft viel Trödel verkaufen will, beginnt jetzt damit, sich für **Haushaltsauflösungen** anzubieten. Das ist dann allerdings ein Fulltime-Job, der nur bei lukrativen Aufträgen ein ausreichendes Einkommen sichern kann. Wer professionell entrümpelt oder mit Antiquitäten handelt, hat oft schon einen Bestand an Stammkunden, denen er bestimmte Warengruppen gezielt anbieten kann.

Viele Entrümpler dümpeln dennoch in permanenter Geldnot vor sich hin und müssen neben den Flohmarktauftritten eine stationäre Verkaufsstelle in einem Hinterhof oder ehemaligen industriellen Kleinbetrieb unterhalten, um auch unter der Woche ein wenig Umsatz machen zu können.

Kunsthandwerkliche Artikel aus fernen Ländern werden meist von denen importiert, die sie dann auch verkaufen. Entweder sind es Angehörige des dortigen Kulturkreises oder Europäer, die eine Zeit dort gelebt haben und ihre Kontakte nun dazu nutzen, den Liebhabern exotischer Kleidung oder Dekoration eine Möglichkeit zum günstigen Erwerb zu bieten.

Besonders stark vertretene Warengruppen im Detail:

Eine sehr stark vertretene Fraktion bilden **Bücher**. Der Flohmarkt bietet Bücher aller Altersstufen und Qualitäten. Stände mit neuen Büchern zum halben Preis, speziell antiquarische Buchstände, Zeitschriftenstände und Spezialisten für Bildbände. Stände mit Publikationen von Religionsgemeinschaften oder Büchern in Fremdsprachen. Reiseliteratur und Comics, Messeneuheiten und neuerdings auch Hörbücher. Für Bücher gilt, wie für alle anderen Waren auch, dass sie bei Privatleuten, die sie nicht wieder mit heim nehmen wollen und zwischen anderen Artikeln präsentieren, immer billiger sein werden als beim Spezialisten, der Woche für Woche kommt.

Bücher an privaten Ständen sind ein guter Indikator für das kulturelle Interesse und Niveau der Bewohner der Umgebung des

Marktes. Achtet man näher auf die Qualität des Angebots, werden einem Zusammenhänge mit den umliegenden Wohnvierteln auffallen.

Leider wird Büchern hinsichtlich des Preises sehr **wenig Respekt** entgegengebracht. Für viele scheint es eine Selbstverständlichkeit zu sein, dass ein Buch auf dem Flohmarkt einen bis maximal zwei Euro kostet. Auch für neuwertige, gebundene Bücher zum Ladenpreis von 20 Euro und mehr ist es relativ schwer, drei oder gar vier Euro zu erlösen. Erst bei antiquarischen und bibliophilen Ausgaben, Bildbänden oder Fotobüchern kann man es wagen, etwas höhere Preise anzusagen, ohne schräg angesehen zu werden.

Unterhaltungs- und Kommunikationselektronik wird in Hülle und Fülle angeboten. Es handelt sich hierbei um Ware, die gebraucht relativ geringe Preisverluste hinnehmen muss. Weiterverkäufer fragen in den meisten Fällen nach Radios, Handys, Gameboys, Elektronik allgemein. Bei anderen, die sich nicht für den Ankauf interessieren, sollte man sich nicht immer fragen, woher die Ware stammt. Ich habe einmal einen ganzen LKW voller Fernseher und Videorekorder anfahren gesehen. Plötzlich wurden mir Zeitungsartikel über marodierende Banden, die im Sommer im Wald leben und zahllose Häuser aufbrechen, plastisch vor Augen geführt.

Auch **Datenträger und Medien** werden in großer Anzahl verkauft, vor allem CDs und DVD, Spiele für Spielkonsolen oder Gameboys, Videos und Software. Wie auch im stationären Einzelhandel haben die Verkäufer solcher Medien, die sich inzwischen illegal selbst brennen oder downloaden lassen, in den letzten Jahren empfindliche Einbußen hinnehmen müssen. Die Flohmarktpreise für CDs zum Beispiel haben spürbar nachgelassen.

Schallplatten als ältere Form der Datenübertragung erfreuen sich einer ungebrochenen, gar wieder angestiegenen Beliebtheit. Im Gegensatz zur CD, deren erste Ausgaben inzwischen die Haltbarkeitsgrenze überschritten haben, haben sie sich als widerstandsfähiger erwiesen. Um die Schallplatten herum gruppiert sich eine untereinander nicht immer zimperliche Szene von Erwerbshändlern, die mit seltenen Pressungen, signierten Platten oder sonstigen Raritäten gutes Geld verdienen.

Schuhe gebraucht zu kaufen ist nicht jedermanns Sache. Ich rate immer scherzhaft zu beachten, dass der eigene Fußpilz der stärkere ist und den des Vorgängers abtötet. Da man das aber nie so genau wissen kann, sollte man seine Hygienebedürfnisse höher achten als den vermeintlichen Schnapp. Auch wenn, wie ich erlebt habe, ein professioneller Verkäufer von gebrauchten Schuhen diese immer wieder als „steuerfrei, ohne Benzin und 10 Jahre Garantie" anpreist. Auch neue Schuhe finden sich auf Flohmärkten in großer Zahl, aber häufig minderwertiger Qualität.

Auch hierzu gibt es eine schildbürgerhaft anmutende Anekdote: Im Frankfurter Raum kursierten eine Zeitlang Wäschekörbe, deren Aufsteller sich, der Altkleidersammlung ähnlich, als gemeinnützig ausgab. Einige Tage nach postalischer Ankündigung standen die Körbe auf dem Gehweg und wurden tatsächlich auch mit gebrauchten Schuhen befüttert. Nur dass diese eben nicht in Entwicklungsländern landeten, sondern auf den Flohmärkten der Region ...

In den 1990ern war ein sehr präsenter Artikel auch die gebrauchte Levi's 501 **Jeans**. In den USA überwiegend aus den Beständen von Gefängnissen angekauft, wo sie als Arbeitskleidung getragen wurde, fand sie in Europa für gutes Geld willige Abnehmer.

Mit der 501 hat die **Flohmarktleidenschaft** übrigens auch bei mir angefangen. Ich besuchte ein Gymnasium in einem wohlhabenden Stadtteil, und die tonangebenden Cliquen definierten sich, wie in der Pubertät üblich, vor allem über teure Markenklamotten. Der Flohmarkt kam hier für gewöhnlich allenfalls in herablassenden Witzen vor: „Welche sind die drei höchsten Feiertage armer Leute? – Schlussverkauf, Flohmarkt und Sperrmüll."

Weil meine Eltern es zu Recht nicht einsahen, ihren drei Söhnen in der Stadt überteuerte Klamotten zu kaufen, habe ich irgendwann angefangen, mir meine Jeans auf dem Flohmarkt zu kaufen.

Damals kam gerade die Mode auf, die 501 gebraucht zu tragen. Mit Preisen von 70 bis 80 Mark waren die meist nur leicht und damit gerade richtig verschlissenen Hosen um die Hälfte des Boutiquenpreises billiger.

Der Grad der Abnutzung steigerte sich dann bis Mitte des Jahrzehnts derart, dass die Hosen umso teurer schienen, je zerstörter sie waren, eine Folge der damaligen Grunge-Mode. Das Interesse an der 501, neu wie gebraucht, ließ dann gegen Ende des Jahrzehnts deutlich nach, und heute beschäftigen sich nur noch ein paar unentwegte Händler gegen Bruchteile der früheren Gewinne mit dem ehemaligen Lieblingskind.

Gleichzeitig mit dem Interesse an Jeans wuchs mein generelles Bedürfnis, mich insgesamt **selbst einzukleiden**. Irgendwann in der Pubertät gefielen mir, wie üblich, die Sachen nicht mehr, die ich von meiner Mutter gekauft bekam. Der Flohmarkt stellte also auch eine Möglichkeit zur sanften Rebellion dar, indem ich begann, mir für kleines Geld gebrauchte Klamotten zu kaufen. Damals war ich begeistert von Hemden mit ornamentalen Mustern, Blumen, verschlungenen Ketten oder ähnlichen Stilelementen.

In den folgenden Jahren erweiterte ich mein Interesse um

Artikel zur Wohndekoration, später CDs, die ich mir zum Neupreis natürlich auch nicht hätte leisten können. Seit einiger Zeit widme ich mich eingehend dem Design der 50er bis 70er Jahre, mit Schwerpunkten auf Beleuchtung, Keramik und Accessoires wie Taschen, Krawatten u.ä. Ich bin gespannt, was ich mir als Nächstes aussuchen werde. Bei allem findet man natürlich auch immer Dinge, von deren Existenz man bisher nichts ahnte oder die man zumindest nicht auf dem Flohmarkt vermutet hätte.

Die absolut **sensationellste Ware**, die ich auf einem Flohmarkt jemals angeboten gesehen habe, war eine gebrauchte Passagiermaschine des Typs **Boeing 737.** Natürlich nicht körperlich, sondern mittels eines Fotos samt nebenstehendem Kaufpreis von 9 Millionen DM. Ich habe mangels akuten Interesses an einem Gebrauchtflugzeug nicht nachgefragt, aber die Art der Präsentation erweckte den Eindruck, als könne der Verkäufer diesen Deal tatsächlich einfädeln. Die Methode, das Angebot am Stand mittels Zetteln oder Fotos zu erweitern, wird auch für alltäglichere Ware, etwa Möbel, genutzt. Bei umfangreicherem Angebot liegen manchmal auch ganze Ordner aus.

Briefmarken, Münzen, Briefe und Postkarten befriedigen das Bedürfnis nach Zugehörigkeit zu einem größeren Kontext und stellen **die** klassischen Sammelartikel dar. Dementsprechend finden sich auf jedem besseren Markt auch gleich mehrere Händler, die immer auch selbst Sammler sind und auch ankaufen. Allerdings sollte man sich hierbei nicht über den Tisch ziehen lassen und vorher jemanden fragen, der sich damit auskennt.

Kinderspielzeug, Kinderbücher und -kleidung sind auch zuhauf zu finden. Mir hat es besonders Holzspielzeug angetan, das man im Einzelhandel, wenn überhaupt noch, nur zu sehr hohen Preisen bekommt. Natürlich sollte man immer bedenken, dass Artikel für Kinder besonders sauber sein müssen, um auch einmal in den Mund genommen werden zu können. Gerade die kurze Tragedauer von Kleidung legt die günstige Besorgung auf Märkten nahe, bei vielen ist sie aus Geldnot unabdingbar.

Meine eigene Affinität zum Flohmarkt ist mir auf diesem Wege bereits in die Wiege gelegt worden: In den 70er Jahren durchstöberte bereits meine Großmutter den Frankfurter Flohmarkt und erwarb für mich unter anderem traditionelle, gehäkelte Babystrampler, sogenannte „Hessenkittel". Deren Tragen hat mich offensichtlich bereits im Säuglingsalter nachhaltig geprägt. Der eine oder andere Flohstich wird seinen Teil zu meiner Faszination beigetragen haben. Auf Kinderflohmärkte als eigene, sehr erfolgreiche Spezies der Flohmärkte werde ich später noch gesondert eingehen.

Modelle von Autos, Eisenbahnen, Dampfmaschinen und allerlei technischem Gerät, also Spielzeuge für große Kinder, finden sich auch immer in rauen Mengen. Von einer untergeordneten Rolle an einem Stand, mittels dessen jemand seine Kindheit beendet, bis zu hoch spezialisierten Ständen mit beachtlichen Preisen ist auch hier das ganze Spektrum vertreten. Über 100 verschiedene VW Käfer hatte ein Verkäufer zu bieten, von fingergroß bis ellenlang.

Werkzeug und Ersatzteile fürs Auto dürfen auch auf keinem Flohmarkt fehlen. Patinierte, verrostete Zangen, denen man den jahrelangen Dienst am Bau ansieht, gibt es ebenso wie neuwertige Sätze von Schraubenschlüsseln ganz verschiedener Qualität. Alle möglichen Arten von Hämmern, Sägen und Schraubenziehern, und natürlich alles zu Bruchteilen des Neupreises. Besondere Vorsicht ist anzuraten bei als neu und original angebotenen Auto-Ersatzteilen. Als eine gefährliche Spielart des Plagiats werden des Öfteren vermeintlich original vom Hersteller produzierte Ersatzteile in minderwertiger Qualität präsentiert; hier sollte man nicht am falschen Ende sparen!

Glas und Porzellan in Form von Vasen, Geschirren, Bechern, Platten, Pokalen, Kannen, Schalen etc. stellen auch eine der prägenden Warenkategorien eines Flohmarktes dar. Ergänzt werden sie durch rustikalere Materialien wie Steingut oder Ton. Mit guten Kenntnissen über Epochen, Firmen, Manufakturen und deren Erkennungszeichen kann man mit dem Handel dieser Dinge viel Geld verdienen.

Allerdings muss man sich hierfür auch nebenbei durch Lektüre von Fachliteratur, Auktionskatalogen etc. weiterbilden. Insbesondere hier ist Wissen bares Geld wert, denn ohne dieses werden einem die vielen verschiedenen Zeichen und Signets verborgen bleiben. Übrigens: So sicher wie das Amen in der Kirche wird im Verlauf eines größeren Marktes ein Stück der genannten Warengruppe unter großem Hallo und Gelächter vom Tisch oder aus der Kiste fallen.

Artikel aus **Messing oder Kupfer** stellen eine weitere starke Fraktion von Dekorationsgegenständen. Mörser, Vasen, Kerzenleuchter, Flaschenöffner, Brieföffner, Statuetten ... all das wird als unverwüstliche Begleiter den weiteren Lebensweg säumen. Wer weiß, wie viele frühere Eigentümer es bereits überlebt haben mag.

Kleinmöbel und andere Einrichtungsaccessoires wie **Lampen** sind, wie bereits ausgeführt, hervorragende Transporteure des Zeitgeistes und daher auf jedem Flohmarkt in großer Anzahl vertreten. Wer die Preise für Wohndesign im Fachhandel kennt, der wird sogar die auf dem Flohmarkt von Spezialisten für bestimmte Epochen verlangten Beträge zu zahlen bereit sein.

Kunsthandwerk aus aller Herren Länder macht einen

weiteren, großen Teil des Warenangebotes aus. Im Gegensatz zu den Ethno-Trends, die in vielfältig gefilterter Weise die Massenkultur erreichen, kann man hier die Originale erwerben. In der bewussten Auseinandersetzung mit den gestalterischen Elementen der Kulturen erlernt man die verschiedenen **Formensprachen**. Man kann auf Dauer gutes, authentisches Kunsthandwerk von halbindustrieller Massenware für den Export unterscheiden. Eine gewisse Rohheit, kleine Kunstfehler und die Nachvollziehbarkeit des Herstellungsprozesses machen für mich den Charme und die Einzigartigkeit des Originals aus. **Authentisch** heißt im Wortsinne (griech.) „selbst vollbracht", ohne fremde Hilfe, ohne Arbeitsteilung und natürlich ohne industrielle Fertigung.

Auffallend viele Stände verkaufen **Schmuck**. Er ist leicht zu transportieren und verspricht gute Gewinnspannen. Es handelt sich überwiegend um Silberschmuck mit Steinen aus dem Mittleren Osten und aus Südamerika. Die Verkäufer beziehen ihn direkt aus der Heimat und können ihn durch geringe Einkaufspreise recht günstig anbieten. Man braucht sich auch nicht zu scheuen, den Preis noch etwas zu drücken. Die verbleibende Spanne ist immer noch hoch.

Ohne gewisse Grundkenntnisse von Edelmetallen und –steinen kann es passieren, dass einem mindere Qualität überteuert verkauft wird. Nehmen Sie im Zweifel jemanden mit, der sich auskennt, dann wird die Freude von Dauer sein.

Aus **Osteuropa** kommen Bernsteinschmuck, Matrioschken, echte und weniger echte Ikonen, Reliquien der sozialistischen Regimes, optische und feinmechanische Geräte, Uhren, Musikinstrumente, Glas und Steingut sowie fillgrane Lackminiaturen. Die Verkäufer scheuen, sofern sie nicht hier wohnen, nicht die tagelange Anfahrt aus entlegenen Landstrichen, denn auf einem guten Marktwochenende in Deutschland kann man mehr verdienen als daheim in einem ganzen Monat als Angestellter.

Gerade aus Osteuropa, aber auch aus dem arabischen Raum, werden in größerem Umfang **Medien** aller Art, Bücher, Zeitschriften, Musik etc., direkt importiert und den Landsleuten auf dem Flohmarkt angeboten. Natürlich wird der Markt auch mit Kostproben der Musik beschallt, was einen erheblichen Beitrag zur Atmosphäre darstellt.

Zu jedem ernstzunehmenden Flohmarkt gehören einige Stände mit **afrikanischer Volkskunst**. Masken, Schalen, Instrumente, Statuetten, Spiele, Stoffe und dekorative Waffen sind seit Jahrzehnten vom festen Inventar der Flohmarktszene nicht mehr wegzudenken. Hier finden sich auch Korbwaren, Blechspielzeug, Specksteinkunst, Salatbestecke aus Hartholz mit Griffen aus Horn und kultische Gegenstände aller Art.

Auch hier ist Vorsicht anzuraten, denn es werden des Öfteren auf alt gemachte Stücke als antik dargeboten. Ohnehin sind die Gewinnspannen erheblich. Soll eine Maske zum Beispiel 100 Euro kosten, so wird sie in Afrika für maximal 10, eher 5 Euro angekauft worden sein. Wie immer in solchen Fällen, weiß man nicht genau, ob man sich darüber aufregen soll oder eher sehen soll, dass auf diese Weise überhaupt etwas Geld in Entwicklungsländer gelangt.

Jedenfalls ist immer ein großer Spielraum zum Handeln gegeben.

Südamerikaner bieten Pullover an, Musikinstrumente (vor allem Panflöten), Taschen, Rucksäcke, Mützen, Hüte, Ketten und Holzskulpturen.

Aus der **arabischen** Welt kommen Wasserpfeifen samt zugehörigem Tabak, natürlich Teppiche, Lampen aus Messing und buntem Glas, Lederwaren, Spiegel und ornamental bestickte Stoffe.

Die **asiatische** Kultur wird repräsentiert durch kultische Gegenstände wie Schreine, Statuetten und Masken, durch Schnitzereien, Artikel aus geschöpftem Papier, Räucherstäbchen mit den nötigen Vorrichtungen zum Abbrennen, Papierlampenschirme, Windspiele aus Bambus, traditionelle chinesische Medizin, bunte Stoffe und Kissenhüllen und Sarees.

In den letzten Jahren hat gerade der Import von Kunsthandwerk aus Asien und aus der arabischen Welt bedeutend zugenommen und macht inzwischen dem Angebot aus Afrika, das schon traditionell stärker vertreten war, erhebliche Konkurrenz.

Auch heimische **Künstler und Kunsthandwerker** wagen immer mal wieder den Gang auf den Flohmarkt. Kunstmaler, Stahl- und Holzbildhauer, Korbflechter und Hobbykünstler haben hier aber in der Regel keinen leichten Stand und Probleme, das Publikum zu finden, das ihre Arbeiten angemessen honoriert. Die Teilnahme an einem Kunsthandwerker-Markt ist hier eher zu empfehlen.

Ganz entgegen meinem generellen Bedürfnis, Sie zum Besuchen physisch vorhandener Märkte zu bewegen, an dieser Stelle ein wirklich wertvoller Tipp für Kunsthandwerker/-innen: **www.etsy.com.**

Dies ist eine eBay sehr ähnlich aufgebaute US-amerikanische Plattform für selbst Gemachtes aller Art. In zahlreichen Rubriken findet man selbst entworfene T-Shirts, Keramikarbeiten, Papierwaren, Designer-Toys (Kuscheltiere für Erwachsene), Taschen und ein weites Spektrum an herzigen Gebrauchsgegenständen mehr.

An Etsy kann man gut nachvollziehen, wie weit die angloamerikanische Kultur der unseren in puncto Individualisierung voraus ist; ein vergleichbares Medium befindet sich in Deutschland mit **www.dawanda.de** derzeit noch im Aufbau. Allerdings wächst DaWanda zügig und kann bereits jetzt eine recht gute Auswahl anbieten. Infolge einer neuerlichen Kooperation mit der Zeitschrift burda wächst DaWanda in letzter Zeit auch etwas schneller als zuvor.

Als Verkäufer braucht man, um auf Etsy verkaufen zu können, abgesehen von guten Produkten natürlich, eine Digitalkamera, eine Kreditkarte (leider, zur Legitimation) und ausreichende Englischkenntnisse, um seine Artikel zwingend zu beschreiben. Amerikaner stehen ja bekanntlich auf Dinge aus good old Germany, also: nichts wie ran an den Speck und fleißig produziert.

Für den Verkauf auf DaWanda entfallen die Notwendigkeiten der Kreditkarte und der Englischkenntnisse; ebenso hat DaWanda natürlich den Vorteil geringerer Portokosten beim innerdeutschen Versand zu bieten. Sollten Sie nicht selbst kreativ werden wollen, sind Etsy und DaWanda für den Käufer auf jeden Fall eine Schatzgrube individueller, authentischer schöner Kleinigkeiten.

Zurück in die reale Welt: Das mit Abstand Beeindruckendste, das ich je auf einem Kunsthandwerker-Markt gesehen habe, war eine Schweizerin mittleren Alters, die Scherenschnitte herstellte. Sie bearbeitete mit einer sehr feinen Schere millimeterweise und in atemberaubender Geschwindigkeit ein mehrfach gefaltetes Stück Papier, ohne abzusetzen. Als sie es nach mehreren Minuten und bestimmt Hunderten von Richtungsänderungen auffaltete, kam eine filigrane Märchenlandschaft zum Vorschein. Auf einem Flohmarkt wäre sie mit ihrer Kunst ziemlich sicher untergegangen.

Etwas handfestere, praktisch orientierte Artikel aus eigener Produktion können aber durchaus auch auf dem Flohmarkt Erfolg haben. Ein junger Mann im Jogginganzug bot einmal häkelnderweise einen ganzen Stand selbstgehäkelte Topflappen und Hauspantoffeln an. Mit dem schriftlichen Kommentar, Arbeiten sei besser als Betteln oder Stehlen. Die Spannung zwischen Ausführendem und Ware und der genannte Kommentar brachten ihm einiges Interesse ein. Außerdem rief er permanent seine Waren als die besten aus. Ich denke, er wird an diesem Morgen seinen Schnitt gemacht haben.

Auf einem weiteren Markt habe ich am Beginn des 21. Jahrhunderts eine alte Frau leibhaftig am Spinnrad Wolle spinnen gesehen – ein Eindruck, der einem sonst allenfalls noch auf schauspielartigen Mittelaltermärkten oder in Heimatmuseen begegnen wird.

Oder die beiden jungen Frauen, die selbst gemachte Seife mit allerlei überraschenden Zutaten verkaufen – ein direkt appetitlicher Anblick, was die beiden produzieren. Ein älterer Orientale nahm das wörtlich und gönnte sich in der Annahme, es handele sich um Nougat, einen herzhaften Bissen. Zum Glück hatte er Humor. Bevor er schlucken konnte, hinderte ihn doch noch das aufkeimende Geschmackserlebnis daran.

In Berlin zum Beispiel haben sich in den letzten Jahren einige Flohmärkte durch die zahlreiche Beteiligung von Kunststudenten, Fotografen, Bastlern und Schneidern aller Art schon zu Kunsthandwerksmärkten mit Trödelanteil gewandelt. Anders als die industrielle Neuware, die ja bereits mehrfach ausgiebig beklagt wurde, heben solche Beiträge kreativer Menschen das Niveau der Märkte eher an und können sie zu regelrechten Trendlaboratorien aufwerten. Besonders die Märkte am Boxhagener Platz in Friedrichshain und am Mauerpark an der Grenze zum Prenzlauer Berg tun sich hier hervor. Dieses Prinzip scheint mir aber erst ab einer bestimmten kritischen Masse von Anbietern zu funktionieren.

Fliegende Händler verkaufen technische Errungenschaften wie das ultralang schützende Autowachs, das Spray zur mühelosen Reinigung verkrusteter Ofenröhren oder die sich selbst schärfenden Messerklingen. Mit ihrer marktschreierischen Präsenz bereichern sie das Szenario, sehr zum Leidwesen der unmittelbaren Standnachbarn.

Auf Märkten, die Neuwaren zulassen, findet man als interessante Ergänzung oft auch **Erzeuger** von landwirtschaftlichen Produkten, die ihre Waren direkt verkaufen. Obst und Gemüse, Wurst, Käse, Honig, Marmeladen und Brot sind von guter Qualität und günstig im Preis.

Ach ja, die **Neuwaren**, die hätte ich jetzt am liebsten vergessen. Neuwaren der Art, wie sie auf Flohmärkten allzu oft verkauft werden, haben keine Geschichte, entbehren jeglicher biographischen Implikation. Man kann sich eher ihre Zukunft ausmalen, die alsbald auf der Müllhalde des Belanglosen enden wird. Wie viele der Gegenstände, die heute (hauptsächlich in Asien) produziert werden, wird man auf Flohmärkten oder anderswo wiederfinden in 20, 50, 100 Jahren? Richtig, gar keine.

Aber leider gehören sie nun einmal zu vielen Märkten dazu, und abgesehen davon, dass sie manchem Puristen wie mir die Laune verderben, hat ihr Verkauf auch seine guten Seiten. Zum einen den Erwerb für den Verkäufer und die Möglichkeit der Käufer, sich billig mit Bedarfsgütern einzudecken. Außerdem erhöhen sie das Potential der Standbuchungen auf Flohmärkten insgesamt und tragen hierdurch zur Erschließung neuer Marktplätze bei.

Auch auf Märkten, die nach ihren Statuten keine Neuwaren zulassen, finden sich hier und da vereinzelt Stände voller Neuwaren, manchmal auch durchaus zahlreich. Wie kann das sein? Wie wir gesehen haben, nehmen es die Verkäufer mit der Herkunft ihrer Ware teilweise nicht so genau. Auch die Veranstalter vergessen zugunsten des Erlöses gerne ihre Prinzipien. Zu deutlich gesteigerten Standgebühren, die frei ausgehandelt werden, drückt man hier das eine oder andere Auge zu.

Aber wehe, ein Anbieter von Trödel hat auch nur ein paar

Teile Neuware im Angebot! Sofort wird er aufgefordert, diese zu entfernen. Auch hier werden, wie im richtigen Leben, die Kleinen gehängt und die Großen (gegen Zahlung) laufen gelassen. Aber warum sollte das auch gerade hier anders sein?

Überhaupt nicht gern gesehen ist der Verkauf von Neuware bei Einzelhändlern der angrenzenden Geschäftsviertel. Unter der Voraussetzung, dass bei den ambulanten Händlern die entsprechende Reisegewerbeerlaubnis vorliegt, werden sie daran aber nichts ändern können. Genauso wenig wie an der Tatsache, dass einige Stände ein Boutiquen ebenbürtiges Repertoire an (gebrauchten) Designerklamotten auffahren. Diejenigen, die sich hier einkleiden, kämen aber ohnehin nicht auf die Idee, Designerware neu zu kaufen.

Hin und wieder einmal bekommt man auf dem Flohmarkt auch **Dienstleistungen** angeboten. Mir sind bereits begegnet: Schlüsseldienst, Schuhreparatur, asiatische Massage, Friseur, Beratung in Computerfragen oder auch das Angebot, erworbene Sanitärartikel eingebaut zu bekommen. Dienstleistungen stellen aber bei Weitem die Ausnahme gegenüber dem Verkauf von Waren dar.

Botho Strauß
Markus Orths
Lehrerzimmer
ICH HABE EINFACH GLÜCK
George Orwell
Farm der Tiere
WILLIAM KOTZWINKLE
Ein Bär will nach oben
Guillaume Apollinaire
Der gemordete Dichter
ALDOUS HUXLEY
WILDBERGER
Erich Fromm
Die Kunst
Der Klub der polnischen
Tamar Lewinsky
Das Lexikon unbekannter
Greg Shaw's
BOMP!
Bonjour
ROMAN
rororo

2. Teil (Praxis):
Informationen und Tipps zum erfolgreichen (Ver-)Kauf

Informationen über Märkte

Wer sich informieren will, welche Märkte in seiner Umgebung stattfinden, hat hierzu vielfältige Möglichkeiten:

Im **Internet** kann man unter **www.flohmarkt.de** bundesweit die Termine der nächsten Zeit nach Postleitzahlgebieten abfragen. Wahlweise kann man auch noch die Art des Marktes eingrenzen (Flohmarkt, Antikmarkt, Sammlermarkt etc.). Zu den einzelnen Märkten gibt es Informationen wie Standpreise, Markttermin und Tageszeit, Neuwarenverkauf und Kontaktdaten des Veranstalters. Viele größere, gewerbliche Veranstalter und die meisten kleineren veröffentlichen inzwischen hier ihre Märkte. In unregelmäßigen Abständen werden hier auch Rezensionen bekannter und großer Märkte veröffentlicht, zu denen ich auch bereits einige beitragen durfte.

Die gleiche Funktion erfüllt auch die Seite **www.marktcom.de**; nach der Startseite begibt man sich auf „Markt-Termine" und findet dort Masken für Blitzsuche, Veranstaltersuche und eine Schnellübersicht über „kommende Märkte" der nächsten Tage. Das Herz bildet auch hier eine Detailabfrage nach Postleitzahlgebieten für Trödelmärkte. Zu Spezialmärkten und -messen finden sich eigene Suchrubriken.

Zu nennen ist auch **www.troedelmaerkte.de**, eine optisch ansprechend gestaltete Seite, die allerdings deutlich weniger Termine erfasst als die beiden vorgenannten. Auch hier gibt es eine Gebietssuche nach Postleitzahlen und eine Detailsuche anhand weiterer Kriterien.

Wenn man sich allumfassend informieren möchte, kann man die drei Seiten nacheinander besuchen, denn manche Termine finden sich vielleicht nur auf der einen, andere auf der anderen

Seite. Viele der Seiten der größeren Veranstalter bieten Aufnahmen des bevölkerten Marktgeländes und die Möglichkeit, Stände per E-Mail zu buchen.

Speziell für Kinderflohmärkte, die ja bereits seit vielen Jahren boomen, gibt es das Portal **www.kinderflohmaerkte.de**.

Regional bestehen seit Kurzem die beiden sehr hilfreichen Portale **www.berlin-basare.de** und **www.taunus-basare.de**, die allein für Berlin an einem durchschnittlichen Sonntag mehrere Dutzend Märkte mit genauer Lokalisierung auf einem Stadtplan ausweisen.

Entsprechende Angebote gibt es auch für andere Länder, zum Beispiel **www.flohmarkt-termine.at** für Österreich oder **www.oldfashion.ch** für die Schweiz. Vor Reisen, seien sie ins In- oder Ausland, informiere ich mich immer im Vorhinein bereits über vor Ort stattfindende Märkte.

Weiterhin gibt es natürlich die einschlägigen Terminmagazine in **Printform**, von denen am verbreitetsten die „Flohmarkt-Revue" und der „Trödler & Sammler" sind. Die **„Flohmarkt-Revue"** besteht im Wesentlichen aus einem Terminteil mit 4.000 Terminen pro Monat, täglich bundesweit nach aufsteigenden Postleitzahlen sortiert. Spezielle Seiten zu Antikmärkten und ein Veranstalterverzeichnis mit Kontaktnummern runden ihn ab.

In und um diesen Terminteil befinden sich großformatige Anzeigen vieler Anbieter von Marktständen, - schirmen und Posten von allerlei Ramsch zum Weiterverkauf (Feuerzeuge, Sonnenbrillen, Modeschmuck etc.). Auch Marktveranstalter inserieren hier ihre anstehenden Veranstaltungen. Die „Flohmarkt Revue" erscheint monatlich in DIN-A5, ca. 100 Seiten dick und kostet zurzeit 1,90 Euro.

Der **„Trödler & Sammler"** weist einen in Inhalt und Aufmachung identischen Terminteil auf, was nicht verwundert, da beide Publikationen dem gleichen Verlag entstammen. Um diesen herum gruppieren sich allerdings erheblich mehr redaktionelle Beiträge, und er ist doppelt so groß (DIN-A4) und doppelt so dick (ca. 200 Seiten) wie die „Flohmarkt-Revue". Er kostet auch ungefähr das Doppelte, nämlich 3,95 Euro.

Auf ein Forum namens „Dialog" zum Austausch sammelrelevanter Informationen folgen Anzeigen von Auktionshäusern. Hieran erkennt man schon den Unterschied in Anspruch und Zielgruppe zur „Flohmarkt-Revue". Der folgende Teil, „Magazin" genannt, informiert über Ausstellungen, besondere Märkte und Feste des jeweiligen Monats.

Einige längere Artikel, reich bebildert, zu speziellen Sammelgebieten wie Puppen, Reklame, Porzellan etc. bilden den redaktionellen Kern des Hefts. Hieran schließen sich beispielhafte Preisinformationen zu gruppierten Sammelobjekten (mit Foto) an, z.B. Bakelitartikel, Telefone, Kolbenfüller etc. Dem nun folgenden, wie gesagt identischen Terminteil sind ebenfalls reißerische Anzeigen für Ramschposten ein- und angegliedert; zumindest sind sie nach ganz hinten im Heft verbannt. Die genannten Magazine werden auf Flohmärkten durch ambulante Verkäufer oder an manchen Ständen verkauft.

Größere Veranstalter betreiben **Anrufbeantworter** mit Terminansagen. Ihre Nummern werden bekannt gemacht in Flyern, die bei Märkten an Ein- und Ausgang oder zentralen Stellen ausgelegt werden. Öfter enthalten diese Flyer auch direkt selbst Daten zu den nächsten Terminen, eventuell angereichert um Kleinanzeigen.

Stadtmagazine enthalten in ihrem Veranstaltungskalender teilweise auch eigene Rubriken für Märkte, die aber nur wenige Flohmärkte erfassen. In vielen **Tageszeitungen** findet man einmal pro Woche im Lokalteil bei den Veranstaltungstipps die Flohmärkte von Vereinen und Kirchengemeinden.

Die **regionalen Sender** der ARD führen im **Bildschirmtext und online** Veranstaltungskalender, die oft sehr umfangreich über Märkte und Feste informieren; in Hessen ist dies z.B. **www.hr-online.de**. Hier findet man die Flohmärkte der kleinen Kommunen, Vereine oder Kirchengemeinden, auf denen sich oft sehr gute Schnäppchen schlagen lassen. Ganz gewiefte Privatleute sind auch schon auf die Idee gekommen, hier ihren privaten Garage Sale zu annoncieren.

Hierbei sollte man aber immer bedenken, dass solche Medien großflächig abgerufen werden und man sich mit einer überschwänglichen Beschreibung auch schnell den Frust der Leute zuziehen kann, die für ein geringfügiges Angebot von weiter her angefahren kommen.

Und natürlich gilt, wie bereits angeführt, auch bei dieser Suche die Devise: Immer horsche, immer gugge. Viele Veranstalter plakatieren an Ausfallstraßen und verstärkt rund um das Flohmarktgelände selbst. Flohmärkte der Gemeinden, Kindertagesstätten etc. werden durch DIN-A4-Zettel an Pfosten und Zäunen bekannt gemacht. Echten Flohmarktfans springt solcherlei natürlich sofort ins Auge.

Derart umfassend informiert, steht dem erfolgreichen Fischzug nun eigentlich nichts mehr im Wege.

Kaufen auf Flohmärkten

Bevor man sich auf den Weg macht, sollte man kurz innehalten und sich vergegenwärtigen, was man eigentlich sucht. Gibt es vielleicht in der nächsten Zeit einen **Spezialmarkt** in der Nähe, auf dem man sicherer Erfolg hätte? Kann man erwarten, das begehrte Gut auf dem anvisierten Markt zu finden? Ein Blick ins erste Kapitel dieses Buches wird helfen können.

Meine eigene Methode besteht darin, mir eine permanente **Liste** der benötigten oder gewünschten Artikel zu erstellen und diese in Gedanken vor einem Markt durchzugehen. Ist die Anzahl der gesuchten Artikel sehr umfangreich, so konzentriert man sich am besten auf die wichtigsten. Ansonsten gehen einem schnell der Überblick und die Konzentration verloren. Auf diese Weise suche ich immer alles und finde auch fast immer einen oder zwei der Favoriten. Flohmarktgänger müssen warten können, je ausgefallener der Wunsch, desto länger. Dafür sparen sie eine Menge Geld.

Bargeld sollte man immer genügend dabei haben, denn es ist der einzige Weg, auf dem Flohmarkt zu bezahlen. Und es wäre doch schade, wenn man etwas lange Gesuchtes aus Mangel an Bargeld stehen lassen müsste. Es empfiehlt sich stark, und umso mehr zu Beginn des Marktes, ausreichend Kleingeld, Münzen und kleine Scheine, mit sich zu führen. Die wenigsten können wechseln, und wenn, dann größere Scheine nur mit Bauchschmerzen, denn auf Flohmärkten kursiert immer auch ein bisschen mehr Falschgeld als anderswo.

Nachdem man sich mit dem günstigsten Transportmittel zum Flohmarkt begeben hat (die Parkmöglichkeiten sind oft begrenzt), stellt man fest, dass entgegen der Publikation der Markt schon längst **begonnen hat**. Tendenziell beginnen Flohmärkte eine halbe bis zwei Stunden früher als angekündigt und enden dafür auch öfters mal ein bis zwei Stunden eher, seltener auch später als geplant. Deshalb versuchen die Veranstalter, die Standmieter mit Fristen für die Rückzahlung von Reinigungskautionen bis zum Ende bei der Stange zu halten oder im umgekehrten Fall auch zum Aufbrechen zu bewegen.

Falls Sie von weiter her gekommen sein sollten, vorab noch eine kleine **Modellrechnung**: wenn Sie bei Ihrem einzigen gekauften Schnäppchen beispielsweise 5 Euro gegenüber dem Neupreis gespart haben, aber 25 Kilometer Anfahrt hatten, haben Sie inklusive Benzinkosten gar nichts gespart. Ganz zu schweigen von den tatsächlichen Betriebskosten pro Kilometer.

Kaufen Sie entweder mehr (das nützt dem Flohmarkt) oder kombinieren Sie Ihren nächsten Flohmarktbesuch mit einer Tour auf Fahrrad oder Inlineskates (das nützt Ihnen und der Umwelt). Für sportliche Flohmarktfans die Verbindung des Angenehmen mit dem Nützlichen. Fahrrad oder Inlineskates bleiben natürlich vor dem Flohmarkt oder irgendwo sicher verstaut. Ebenso wie Kinderwagen oder großvolumige Taschen oder Rucksäcke beeinträchtigen sie das gemeinsame Flanieren.

Eine kurze Anekdote zur Anfahrt. Wie Sie inzwischen gemerkt haben dürften, war mein Verhältnis zum Flohmarkt nicht immer nur von rationalen Gesichtspunkten geleitet (s. insofern auch die Ausführungen zum Kult ...). Jedenfalls bin ich einst im Januar auch schon einmal mehrere Kilometer durch einsetzenden Pulverschnee geskatet, um zu einem etwas außerhalb und daher schlecht öffentlich erreichbaren Flohmarkt zu kommen. Das hatte irgendwie schon etwas Langlaufähnliches...

Gemeinsam mit Partnern, Freunden oder Bekannten über einen Flohmarkt zu gehen empfiehlt sich nur, wenn man auch gemeinsam die gleichen Dinge sucht. Fast immer sind die

Interessen verschieden, und so tendiere ich dazu, mich am Anfang von meiner Begleitung zu verabschieden, allein auf Tour zu gehen und mich am Ende wieder zu treffen. Sonst wartet der eine immer ungeduldig, während sich der andere gedrängelt fühlt.

Kinder haben im Allgemeinen nicht viel von einem Besuch auf dem Flohmarkt. Ihnen fehlen die verschiedenen Dimensionen der Faszination wie Schnäppchenjagd (da sie noch keine Preisvorstellung haben) oder Zeitreise (da sie sich an die meisten Dinge nicht aus einem vergangenen Kontext erinnern können). Schon bald fangen sie an zu quengeln und können einem das Vergnügen verleiden.

Ins Gegenteil verkehrt sich diese Beobachtung natürlich auf einem speziellen Flohmarkt für Kindersachen. Großes Hallo, viel Geschrei und leuchtende Augen! Glücklicherweise ist hier alles recht günstig, sodass gepeinigte Eltern den Ort des Geschehens mit vollen Tüten und nicht (ganz) leerem Portemonnaie verlassen können.

Kinderflohmärkte lassen sich, wie gesagt, bereits spezifisch auf **www.kinderflohmaerkte.de** zentral eintragen bzw. aufrufen. Das Portal arbeitet allerdings noch an seiner Vollständigkeit. Helfen Sie doch gerne einmal dabei mit, wenn Sie das nächste Mal von einem Kinderflohmarkt hören oder gar selbst einen veranstalten. Lokal lückenlos aufgeführt sind sie eher vor dem Wochenende in den Lokalteilen der Tageszeitungen.

Einmal angekommen, kann man sich ein Bild vom **Aufbau**, der räumlichen Anordnung des Marktes machen. Wie verlaufen die Marktreihen, welche Reihen könnte man übersehen, wie läuft man am besten? Ist der Markt so interessant, dass man immer nur eine Seite der Standreihen betrachtet, oder kann man beide Seiten gleichzeitig „abscannen" (das erfordert Konzentration und ein bisschen Übung)?

Ist der Markt nach Warengruppen aufgeteilt, werden hier Neuwaren und da Trödel und Antik verkauft? Sind die gewerblichen Anbieter von den privaten getrennt?

Die gewohnheits- und erwerbsmäßigen Händler stehen regelmäßig in den beim Aufbau zuerst besetzten Reihen, wogegen Privatleute tendenziell etwas später aufbauen und daher in den später und zuletzt besetzten Reihen zu finden sind. Überlegen Sie sich angesichts der Lage der Zufahrt zum Markt, welche Reihen wohl zu welchem Zeitpunkt belegt worden sein mögen. Den Ort, wo momentan gerade neue Händler eintreffen, erkennt man am wildernden Rudel der Weiterverkäufer in den Kofferräumen.

Es stellt sich auch die Frage, **wie schnell** man über den Markt gehen will. Geht man zu schnell, verpasst man die Hälfte. Geht man zu langsam, werden die besten Schnäppchen am anderen Ende des Marktes bereits den Besitzer gewechselt haben, ehe man sie erreicht.

Zur Vermeidung dieser Nachteile gehe ich oft zwei Mal über den Markt. Das erste Mal zum zügigen Abscannen nach besonders interessanten Gelegenheiten, danach ein zweites Mal, langsamer, zum vertieften Studium der einzelnen Stände. Trödel trödelt, man sollte ihn nicht durch allzu hektische Bewegungen aufschrecken. Auf größeren, lohnenswerten Märkten bin ich auch schon stundenlang mehrmals alle Reihen abgelaufen und habe hierbei durchaus eine mittlere Wanderung von mehr als 10 km hingelegt.

Mit der Zeit, nachdem man einen bestimmten Markt oft genug besucht hat, kennt man die regelmäßigen Verkäufer und ihre Preisniveaus und kann solche, die man für zu teuer erachtet, beschleunigten Schrittes links liegen lassen.

Ein Flohmarktstand besteht übrigens **nicht nur aus der**

Tischfläche, sondern, von vorne nach hinten, aus dem Bereich darunter, dem Tisch selbst, Kleiderständern daneben oder dahinter, dem Dach des Standes und, falls erlaubt, dem Auto hinter dem Stand. Gerade der Blick unter den Stand und in die Tiefe des Standes entgehen einem leicht, und damit viele interessante Angebote.

Das **Auto** hinter dem Stand kann sehr aufschlussreich sein: Handelt es sich um ein teures Modell, kann man hier interessante, da in der Anschaffung teure Ware erwarten. Ebenso, dass der/die Fahrer/in genug Geld hat, um nicht auf Einkünfte vom Flohmarkt angewiesen zu sein und daher im Verhältnis zum Warenwert geringe Preise fordern wird.

Ein Besuch zu **früher Stunde** lohnt aus mehreren Gründen. Vor allem sind ganz am Anfang die besten Schnäppchen noch vorhanden, der frühe Vogel fängt auch hier den Wurm. Des Weiteren muss man sich nicht mit den Ellenbogen und Knien der Massen von Besuchern auseinandersetzen, die zu späterer Stunde Enge einkehren lassen. Ein Besuch auf einem Markt, der sich gerade im Aufbau befindet, ist ein sehr angenehmer Eindruck; das Angebot erweitert sich gerade, die Gesamtheit des Angebotes entfaltet sich; es geht aufwärts. Wem das **Klacken der Tapeziertische** schon aus weiter Entfernung Balsam für die Seele ist, der wird verstehen, was ich meine.

Hingegen ist ein Besuch gegen Ende des Marktes mit Szenen des Abbaus verbunden, die Ware wird eingepackt, einem entzogen. Hier ist der Eindruck destruktiv, man hat bereits den größten Teil des Marktes samt der besten Schnäppchen verpasst und kann nur noch versuchen, die letzten, übrig gebliebenen Reste zu ergattern. Ein Umstand spricht jedoch gegen die frühe Suche: Jetzt versuchen die Verkäufer noch, höhere Preise zu erzielen, die gegen Ende des Marktes sicher noch beachtlich fallen werden, weil jeder so wenig wie möglich wieder mitnehmen will.

Bei Regen ist das Angebot insgesamt schmaler, denn es haben sich nur die zum Verkaufen durchgerungen, die unbedingt auf das Geld angewiesen sind oder ein paar ganz Unentwegte, denen das Wetter nichts anhaben kann. Die dennoch vorhandene Ware kann aber zu günstigeren Preisen erworben werden. Angesichts der geringeren Besucherzahlen wollen die Verkäufer ihr Angebot dringender loswerden und trotz der widrigen Umstände noch auf ihre Kosten kommen.

Schwere oder teure Sachen, die man noch nicht mitnehmen will oder kann, sollte man anzahlen und später, beim Verlassen des Marktes, abholen. Sollte der Einkauf so schwer sein, dass man ihn nicht nur jetzt, sondern auch am Ende des Marktbesuches nicht selbst mitnehmen will oder kann (etwa Möbel), kann man ihn sich auch immer anliefern lassen. Der Verkäufer hat ihn ja irgendwie hergeschafft, dann wird er ihn auch wieder weg bewegen können. Die chronische Geldnot der allermeisten Verkäufer steigert enorm die Bereitschaft, die Ware zumindest im Stadtgebiet nach Marktende auszuliefern.

Bekleidung kann man im besten Falle nach Gefühl, in Kombination mit ein paar kritischen Blicken von Bauch zu Textilie und zurück, kaufen. Verlässlicher ist da schon die Vergewisserung auf dem Größenschild. Fehlt ein solches oder kann man nichts damit anfangen (was häufiger bei Männern der Fall ist), so fallen manchen die waghalsigsten Zusammenhänge ein, sich abzuhelfen.

Als ich Jeans verkaufte, legten sich immer wieder Leute den Bund um den Hals oder spannten ihn zwischen Handballen und Ellenbogen. Es mag ja vielleicht gewisse anatomische Zusammenhänge geben, aber sehr genau erschienen mir diese Methoden nie. Besser, man hat ein Maßband dabei. Die Schrittlänge misst man übrigens im Schritt und nicht am Bund. Wer dabei nicht aussehen will wie seinerzeit Michael Jackson, dreht sich hierzu ein wenig vom Besucherstrom weg. Solange die Leute ihre eigene Kleidung verkaufen, kann man eigentlich anhand eines kurzen Figurenvergleiches schon ganz gut abschätzen, ob an diesem Stand für einen etwas dabei ist.

Bei anspruchsvollen oder **komplexen Waren** braucht man sich nicht zu scheuen, dem Verkäufer Fragen hierzu zu stellen. Schon so mancher unscheinbare Junge hat sich als Computerspezialist herausgestellt, und auch andere Überraschungen können auf einen warten. Ich habe einen älteren Mann kennen gelernt, der auch für Flohmarktverhältnisse ärmlich aussah, aber im Gespräch ein erstaunliches Wissen über afrikanische Volkskunst offenbarte. Außerdem erzählte er von seiner Sammlung, die viele Stücke von beträchtlichem Wert beinhalte. Natürlich sollte man die eigene Unwissenheit so gut es geht mit interessierten Fragen überspielen, sonst bekommt man leicht ein X für ein U vorgemacht.

Manche Artikelgruppen bergen per se bereits ein beträchtliches Risiko zur Enttäuschung. Wir kommen nun zu den Dingen, die man auf dem Flohmarkt besser **nicht kauft**:

Je nach den persönlichen Hygienebedürfnissen ist es nicht zu empfehlen, **Wäsche** oder Schuhe zu kaufen. Oberbekleidung lässt sich immer reinigen, aber direkter Hautkontakt sollte ein Ausschlussgrund sein. Generell sollte jegliche Bekleidung einem genauen Geruchstest unterzogen werden. Jeder kennt den typischen Muff, die stickige, atemberaubende Wolke, die von einem größeren Stand Secondhand-Mode ausgehen kann. Im Zweifel lohnt sich angesichts des billigen Erwerbs immer noch eine Runde in der Textilreinigung.

Bei **Fahrrädern** ist zu beachten, dass der Kauf hochwertiger Exemplare zu niedrigen Preisen schnell in einer unerhofften Attacke des rechtmäßigen Eigentümers enden kann. Ansonsten schadet beim Fahrradkauf sicher eine hinreichende Fachkenntnis nicht, um Defekte auszuschließen oder bei späterem Entdecken zu beheben.

Auf einigen Märkten werden seit einiger Zeit aus bekannten Gründen nur noch solche Fahrräder zum Verkauf zugelassen, zu denen der Verkäufer einen gültigen Kaufvertrag vorweisen kann. Solche sollen sich allerdings auch ohne größeren Aufwand fingieren lassen. Aber immerhin auch hier ein Ansatz, den Flohmarkt vom Schmuddel- und Halunkenimage zu entfernen (halunki: tschechisch für „kleiner Gauner).

Elektroartikel aller Art kauft man nur nach vorheriger eingehender Prüfung. Für Kleingeräte führt man dazu die gängigen Batteriegrößen in ausreichender Anzahl mit sich oder kauft sie sich eben am nächsten Neuwarenstand. Geräte, die Netzstrom benötigen, schließt man an das Stromnetz des nächsten Standes an, der Strom gebucht hat. Natürlich müssen Sie hier vorher charmant den Mieter dieses Standes darum bitten. Sie finden das überflüssig oder pingelig? Nur, bis Sie das erste Mal ein vermeintliches Schnäppchen entsorgen müssen. Elektrogeräte mit ausländischen oder veralteten Steckern muss man umbauen. Wer das, wie die meisten, nicht kann, lässt sie lieber links liegen.

CDs sind jedenfalls auf Kratzer zu untersuchen. Beileibe enthält übrigens auch nicht jede Verpackung den darauf beschriebenen Tonträger. Also: CD-Verpackung öffnen, Zustand und Übereinstimmung des Inhalts prüfen, bei Doppel-CDs auch das Vorhandensein der zweiten.

Ein Schallplattenverkäufer in Berlin hat nach einer Erzählung aus erster Hand zumindest einmal die Qualitätskontrolle vernachlässigt. Hätte er seine Ware vor dem Verkauf untersucht, wäre ihm der 500-Mark-Schein aufgefallen, den der glückselige Käufer dem Cover entnehmen konnte. Ein kurzer Gang zur Landesbank, und auch nach der Einführung des Euro kann man mit derartigen Funden durchaus etwas anfangen.

Bei Artikeln, von deren Funktionsfähigkeit man nicht ganz überzeugt ist, kann es auch helfen, in scharfem Ton und mit direktem Augenkontakt noch mal nach dem einwandfreien Zustand zu fragen. Dabei ist man natürlich auf ein Restgewissen beim Verkäufer angewiesen, das hier und da auch schon verloren gegangen ist.

Auf den ersten Blick interessant erscheinen **Weine** aus den 1970er Jahren oder noch früher, die man manchmal findet. Was wäre das doch für ein schönes Geschenk – ein edler alter Tropfen aus dem Geburtsjahrgang! Aber Essig bekommen Sie im Supermarkt billiger und gesünder!

Mit billigen Sonnenbrillen kann man sich mangels hinreichenden UV-Schutzes gehörig die Augen verderben. Hier sollte man nicht am falschen Ende sparen. Das Prädikat „besonders gesundheitsschädlich" verdienen auch die in verflossenen Jahrzehnten beliebten Höhensonnen. Hiervon lässt man besser die Finger (und vor allem das Gesicht). Gebrauchte feinmechanische oder optische Artikel verlangen im unerwünschten Fall der mangelnden Funktion nach einer kundigen Hand. Diese kann schnell teurer werden als der missratene Fischzug selbst. Also sehen Sie lieber in die Optik als in die Röhre.

Allgemein gibt es natürlich viel kaputte, schäbige, verblichene, unkomplette, beschädigte, verbrauchte, mottenzerfressene, stinkende und aus dem Leim gegangene Ware aller Art, **Schrott** jeglicher Couleur, den man ohnehin nicht kaufen würde. Vor diesem braucht nicht extra gewarnt werden, den werden Sie erkennen. Je nach Flohmarkt macht er ein Viertel bis zur Hälfte des Warenangebotes aus. Die objektive Wertlosigkeit vielen Abfalls hindert einige aus schierer Geldnot nicht am Versuch, diesen zu verkaufen. Leere Joghurtbecher, benutzte Spülschwämme, löchrige Schuhe könnten ja vielleicht doch noch den einen oder anderen Cent bringen?

Soweit die Warnungen vor Enttäuschungen. Lassen Sie sich aber hiervon nicht verschrecken. Es bleibt immer noch genug übrig, das man bedenkenlos kaufen kann. Die Erfahrung besagt, dass man **immer irgendetwas findet**, oft etwas, das man gar nicht gesucht hat oder schon lange aufgegeben hatte zu suchen. Das gehört ja gerade auch zur Spannung des Flohmarktes, dass man nie genau weiß, was einen erwartet.

Einem hintergründigen Paradoxon zufolge braucht man **gerade das, was man nicht braucht.** Das soll heißen, die Dinge, die nicht wirklich lebensnotwendig sind, bedienen durch deren Konsum das Gefühl, den Niederungen der Bedarfsdeckung entronnen zu sein. Man kann sich nach Belieben den hinter den komplexeren Dingen stehenden Ideen widmen und durch ihren Erwerb den eigenen Horizont erweitern.

Gerade Gegenstände zur Innendekoration sehen, einmal dem schäbigen Umfeld entzogen, daheim immer viel attraktiver aus. Wenn sie sich dann noch in den Stil der Wohnung gut einfügen, hat man ein weiteres Puzzleteil auf dem Weg zu seiner eigenen Welt erobert.

Die Offenheit, sich auf diese Überraschung einzulassen, und die Fähigkeit, den Artikel von seinem Umfeld zunächst zu abstrahieren, werden belohnt durch die geringen Preise. Der Verkäufer weiß ja zu Beginn des Marktes auch nicht, ob sich jemand gerade für seinen Krempel interessieren wird.

Kaputt gehen können übrigens auf dem Flohmarkt nicht nur Dinge, auch **Beziehungen** werden manchmal durch die Leidenschaft eines Beteiligten auf eine harte Probe gestellt. Ich spreche aus eigener Erfahrung. Der samstägliche Flohmarktgang kollidiert mit den wirklich nötigen Besorgungen für das Wochenende, vor allem von Lebensmitteln, aber auch mit dem Shoppingbummel, zu dem viele ja unter der Woche doch nicht die Muße haben.

Der Sonntagmorgen kann nicht zum gemütlichen Aufwachen mit anschließendem ausgedehnten Frühstück genutzt werden, wenn man schon seit früher Stunde auf Schnäppchenjagd unterwegs ist. Es sei denn, man geht so früh, dass man danach mit den Brötchen am Bett stehen und seinen Partner wecken kann.

Mein Rat an Flohmarktopfer: Übertreiben Sie es nicht, ein bis zwei Flohmärkte pro Wochenende reichen völlig aus, alles andere kann man ohnehin nicht mehr aufnehmen – visuell wie stofflich in der Wohnung. Und denken Sie doch auch einmal über völlig immaterielle Hobbys nach. Das könnte auch Ihrer Wohnung auf Dauer gut tun.

Wenn eh schon alles zu spät ist und man sich auf dem besten Weg zum Messie befindet, kann man notfalls Plan B fahren und eine Garage oder gesonderte Lagerräume anmieten. Über diese und deren Inhalt sollte man dann aber unbedingt den Überblick behalten. Berechtigter Hoffnung zufolge drohen übrigens in den nächsten Jahren weder Krieg noch Hungersnot. Also eher mal wegwerfen als bunkern (das heißt nicht umsonst so).

Ein immer wieder beliebter Streitpunkt sind ungefragt und unbesehen in die gemeinsame Wohnung mitgebrachte Einrichtungsgegenstände. Zu Recht, denn hiermit zwängt man seinem Partner rücksichtslos den eigenen Stil auf. Es sei denn, man kennt den gemeinsamen Stil sehr gut und hat sich am besten noch über die nächsten Anschaffungen genauestens ausgetauscht.

Meine Bitte an die geplagten Partner: Sehen Sie Ihrem Liebling seinen Spleen nach und fragen Sie sich mal selbst, wo Sie Ihre eigenen Passionen haben. Dann können Sie das absonderliche Verhalten, immer wieder dem Ruf des nächsten Schnäppchens zu folgen, vielleicht ansatzweise nachvollziehen.

Bei Menschen ohne Partner oder in unglücklichen Beziehungen kann das fortwährende Zusammenraffen von Dingen, an die man sein Herz hängt, auch als Liebesersatz fungieren. Dinge können sich einem nämlich, im Gegensatz zu Menschen, nicht selbst entziehen. Man muss sie schon aktiv weggeben.

Wenn man bedenkt, dass einen Sonntagmorgens vor zehn Uhr neben dem Flohmarkt allenfalls die Kirche oder (zu Recht zuschlagspflichtige) Schichtarbeit aus den Federn kommandieren können, kann man verstehen, welcher starken Dynamiken es hierzu bedarf. Nicht von ungefähr trifft man dann auch kaum eine Menschenseele, außer denen, die den genannten Verpflichtungen nachgehen.

Der offiziell „erst" auf 10 Uhr festgelegte Beginn der sonntäglichen Flohmärkte rührt übrigens genau da her: Der sittsame Bürger soll erst in Ruhe und frei von weltlichen Verlockungen seinen Kirchgang absolvieren können, bevor er sich zum Tanz um das gülden Trödelkalb begibt. Natürlich hält sich daran effektiv niemand.

Abschließend noch eine Bitte zur Förderung und Erhaltung der guten Atmosphäre: **Respektieren** Sie die Ware der Verkäufer, und letztendlich damit auch diese persönlich.

Nehmen Sie zerbrechliche oder sonst irgendwie leicht zu beschädigende Ware (Porzellan, alte Bücher, Kunsthandwerk etc.) nicht einfach in die Hand, ohne vorher zu fragen. Benutzen Sie dargebotenes Parfum nicht als Tester, grabbeln Sie Briefmarken nicht aus den Transparentpapierstreifen der Alben, tun Sie generell nichts, das Sie nicht auch mit Ihren eigenen Sachen geschehen ließen.

Legen oder stellen Sie Artikel, die Sie zur Betrachtung in die Hand genommen haben, wie Bücher oder CDs, wieder so hin, *wie sie präsentiert wurden*. Diese stehen nicht zufällig mit dem Titel nach oben vorne auf dem Tisch, und der Verkäufer ist irgendwann sicher genervt davon, diesen Zustand immer wieder neu herstellen zu müssen.

Eigentlich Selbstverständlichkeiten, aber leider ist dergleichen immer noch häufig zu beobachten.

KOLUMBUS
CHOCOLAT
Kneifel
KING
FEUER
KIND
DER JUNGE
HÄUPTLING
DIE HÖHLE
IN DEN
SCHWARZEN
BERGEN
Deponie 3
HEIMKEHR
ZU DEN
DAKOTA

Handeln auf dem Flohmarkt

Wir haben noch gar nicht übers **Handeln** gesprochen. Aus gutem Grund. Denn dieses erfordert einen eigenen Abschnitt, handelt es sich doch hierbei um eine **der** zentralen Tätigkeiten auf dem Flohmarkt. Im Feilschen um den Preis kommen unterschiedliche Kulturen zum Ausdruck, aber auch unterschiedliche Charaktere und Auffassungen vom Wert einer Ware.

Die Preisfindung auf dem Flohmarkt geschieht radikal-subjektiv und basisdemokratisch. Dumm nur, dass man mit seinen eigenen Preisvorstellungen immer automatisch an die radikale Subjektivität seines Gegenüber stoßen muss ...

Wenn Ihnen beispielsweise ein arabischer oder afrikanischer Händler einen Preis nennt, bedeutet dieser nicht das gleiche wie derselbe Preis aus dem Mund eines Mitteleuropäers. Ein arabischer Händler wird den Preis schon der Händlerehre wegen etwa doppelt so hoch ansetzen wie den angestrebten Verkaufspreis. Er wird sich somit unter großem Lamento in nicht viel mehr als 40 Minuten etwa um 50, maximal 60 Prozent drücken lassen. Ähnlich verhält es sich bei Verkäufern aus Afrika. Wer so leutselig ist, den zuerst geforderten Preis zu zahlen, hat eben gelitten.

In den genannten Ländern ist der Handel aus Tradition und aus Mangel an potenten Arbeitgebern seit jeher der angestellten Erwerbsarbeit zumindest gleich-, wenn nicht sogar übergeordnet. Als Mitteleuropäer muss man von daher fast zwangsläufig den Kürzeren ziehen, wenn man mit solcherart vorgeprägten und gewieften Partnern in eine Handelsbeziehung treten will.

Wenn man diesen Unterschied im Handelsgebaren kennt, braucht man sich von den zunächst höheren Preisansagen nicht schrecken zu lassen. Die Händler aus dem arabischen Raum haben in den letzten Jahrzehnten durch ihre rege Teilnahme am Marktgeschehen das Phänomen Flohmarkt sicher bereichert und vorangetrieben. Ähnlich verhält es sich derzeit mit den osteuropäischen Nachbarn, die auch in großer Zahl von bloßen Konsumenten zu Anbietern werden.

Europäer, zumal private Verkäufer, nennen häufig gleich den Preis, den sie tatsächlich haben wollen, und würden somit ein Angebot zum halben Preis niemals akzeptieren. Bestenfalls, aber das ist schon eher erwerbshändlerische Manier, schlagen sie 20 Prozent drauf, um dem Käufer Spielraum zu geben, ein bisschen gehandelt zu haben. Das dann aber bitte auch schnell, denn Handeln ist hier eher lästige Pflicht denn geheiligtes Ritual. Zu sehr sind wir in unseren Breiten an ein starres, „öffentliches" Preisgefüge gewöhnt, als dass wir mal so eben mir nichts, dir nichts eine Preisverhandlung zu einem Spiel oder Tanz um das letztendliche Ergebnis verkünsteln würden.

Bei Erwerbshändlern habe ich einen gewissen **inneren Widerstreit** beobachten können, der sich, je nach Ausprägung, in die eine oder andere Richtung, in höheren oder niedrigeren Preisen niederschlägt:

Einerseits leben Erwerbshändler vom Verkaufen auf dem Flohmarkt und werden daher versuchen, denen, die von Erwerbsarbeit leben, so viel wie möglich aus der Tasche zu leiern. Andererseits zählen Erwerbshändler in der Regel nun wirklich nicht zu den Begüterten und führen ein materiell bescheidenes Leben. Ihre Preisvorstellungen werden von den eigenen materiellen Bedürfnissen natürlich beeinflusst, was die Preise wiederum nach unten drückt.

Sollte jemand einmal einen offensichtlich überhöhten Preis fordern, der den üblichen Rahmen weit verlassen hat, kann man ihm das auch, verbal oder nonverbal, durchaus deutlich machen und ihn daran erinnern, dass er sich auf dem Flohmarkt befindet. Auf die Nennung des **Ladenpreises** als Bezugsgröße antworte ich immer gerne, dass ich eben gerade auf dem Flohmarkt kaufe, um die hohen Ladenpreise nicht bezahlen zu müssen.

Eine gute Bekannte von mir, die ich ohne Rücksicht auf Tageszeit und Wetter eigentlich auf jedem Flohmarkt treffe, bekam in Frankreich des Öfteren sehr hohe Preise angesagt. Als sie nach dem Grund fragte, erhielt sie gebetsmühlenartig die lakonische Antwort „Das ist alt und wird gesammelt". Dementsprechend waren dort auch alle Artikel teurer, denn der genannte Umstand trifft ja auf fast alles zu, das man auf einem sehenswerten Flohmarkt finden kann.

Fragen Sie insbesondere bei Händlern anderer Kulturen nach dem „letzten Preis". Dieser kann bei Unlust zum Handeln die Prozedur verkürzen. Beileibe handelt es sich hierbei nicht um den wirklich letzten Preis, aber – dafür braucht man Zeit.

Für einen schnellen Überblick angemessener Preise findet sich im Anhang eine **Tabelle zum Preisverfall** verschiedener Warengruppen im Verhältnis zum Neupreis.

Kleider machen ja bekanntlich Leute. Natürlich machen sie auch Preise. Ich würde nicht so weit gehen, den Flohmarktgang in Lumpen anzuraten – aber feiner Zwirn signalisiert schon unbewusst die Weihnachtsgans, die heute Morgen das Haus verlassen hat, um sich mal richtig ausnehmen zu lassen.

Woraus setzt sich eigentlich ein auf dem Flohmarkt verlangter Preis zusammen, welche Faktoren bestimmen seine Höhe? Es scheinen mir dies bei einem Großteil der Ware **drei Faktoren** zu sein: die ursprünglichen Herstellungskosten, der Nutzwert und der Symbolwert der Dinge.

Während der Herstellungspreis nur bei im Material hochwertigen oder schwer zu verarbeitenden Waren über die Jahre eine Rolle behält, reduziert sich der Nutzwert in den meisten

Fällen durch Abnutzung. Die Sachen erhalten Gebrauchsspuren, bekommen kleine Fehler und verschleißen.

Gerade das kann aber auch beitragen zum **Symbolwert**, der auf dem Flohmarkt regelmäßig einen großen Anteil am letztendlich bezahlten Preis hat. Dadurch, dass der Artikel aus dieser oder jener Epoche stammt, oder eine bestimmte Haltung suggeriert, wird er aus den Tiefen der bloßen Gebrauchtware zum Kultobjekt erhoben. Während bei Neuware mit Riesen-Werbeetats und Branding seelenlosen Dingen der abstrakte Mehrwert eingehaucht wird, wohnt den alten Dingen die Mystik bereits per se inne.

Bei seltenen Dingen kommt selbstverständlich diese **Seltenheit** und deren Grad als sehr bestimmendes Preisparameter hinzu. Auch kann der Preis durch prominente Herkunft des Artikels in die Höhe schnellen, was aber letztlich eine spezielle Ausprägung des Symbolwertes ist.

Leider gibt es des Öfteren potentielle Käufer, die den **Symbolwert** einer Ware völlig **verkennen** und unterstellen, der Artikel wäre um den Preis seines reinen Nutzwertes zu haben. Ein Bekannter von mir bestückte Einweckgläser mit selbst gegossenen Tonfiguren mit Knollennasen und stellte auf diese Weise satirische Szenen dar. Nicht nur einmal wurde er gefragt, wie viel das Einweckglas koste, warum es denn so einen komischen Inhalt habe und ob man den denn nicht entfernen könnte ...

In der Art zu handeln bringt man den **Respekt** zum Ausdruck, den man sowohl der Ware als auch dem Verkäufer entgegenbringt. Daher hat es sich nicht bewährt, die Ware durch Hinweis auf kleine Fehler oder gar ohne solchen verächtlich zu machen, um den Preis zu drücken. Der Verkäufer kennt seine Ware und hat sich den Preis in Anbetracht des jeweiligen Zustandes überlegt. Demonstrative Herabwertung zeugt von mangelndem Respekt und wird den Beteiligten nichts einbringen als schlechte zwischenmenschliche Beziehungen, eine emotional wie materiell gescheiterte Transaktion.

Auf der anderen Seite sollte man sein Interesse aber auch nicht zu deutlich durchscheinen lassen, weder in Gestik noch Ausdruck. „Wie viel verlangen Sie für diese schöne Rosenthal-Saucière aus den Sechzigern" provoziert beim bis dato unwissenden Verkäufer eine mindestens dreimal so hohe Preisansage wie „was kostn de Pott da?"

Ohne sein kulturelles Niveau völlig preiszugeben, bedient man sich am besten eines distanzierten, sachlichen Tons, der beiläufiges Interesse vermittelt. Markennamen werden prinzipiell nie genannt; der Verkäufer weiß es, sollte er Markenware dabei haben.

Handeln ist generell auch ein großes Wissensspiel; auch auf dem Flohmarkt gilt: **Wissen ist Macht**. Beispielsweise hinsichtlich der bereits erwähnten Kennzeichnungen von Glas und Porzellan, aber auch bei Punzierungen von (edel-)metallenen Gegenständen, Signaturen von Bildern und Skulpturen, (Erst-) Auflagen von Büchern, Abarten von Briefmarken, Fehlprägungen von Münzen ... auch diese Liste ließe sich beliebig fortführen.

Zur weiteren Verdeutlichung hier noch einige gebräuchliche **Formulierungen für Preisanfragen** auf dem Flohmarkt samt den dahinter liegenden Implikationen:

Was kostet ... = Wie viel muss ich geben, um das zu bekommen?

Wie viel wollen Sie für ... = Ich will das haben und überlasse Ihnen die Preisfindung.

Wie viel verlangen Sie für ... = die Steigerung des Vorigen, man begibt sich jedes weiteren Einflusses auf die Preisbildung.

Wie viel wollen Sie *noch* für ... = ... obwohl es doch schon alt und daher völlig wertlos ist.

Wie teuer ist ... = Ich will eigentlich gar nichts bezahlen.

Sehr verräterisch sind die Dinge, die der potentielle Käufer bereits **in der Hand** hält: Anhand dieser kann man oft erkennen, wenn jemand bestimmte Dinge sammelt oder eine besondere Stilrichtung sucht.

Gerade bei solchen Geschäften, die sich in sehr geringen Preisregionen abspielen, kann man sehr gut psychologische Beobachtungen anstellen. Wenn darum gefeilscht wird, ob ein Gegenstand von einigem Wert nun für **1 Euro oder 50 Cent** den Eigentümer wechseln soll, kann es schlechterdings um diesen kleinen Unterschied gehen. Vielmehr versucht jeder der Beteiligten, dem anderen seine Vorstellungen aufzuzwängen und ist letztendlich gar nicht wirklich an der Ware interessiert, sondern daran, in dieser inszenierten Konfrontation die Oberhand zu behalten.

Denen, die quasi reflexartig und unterschiedslos für jeglichen Artikel einen Euro bieten oder eine deutlich höhere Preisansage auf derart marginale Beträge drücken wollen, ist eh nicht mehr zu helfen. Sie können einem wirklich die Laune verderben.

Jedes Argument ist, wenn man es darauf anlegt, auch in sein Gegenteil zu verkehren: Eine Bekannte schilderte mir, ihr sei einmal an ein und demselben Tag vorgeworfen worden, ihre Ware sei „alt und benutzt" und „neu, also nicht alt" (wie es auf dem Flohmarkt die Regel sein sollte). Letztendlich hat jeder so seine eigene Vorstellung davon, wie viel er bezahlen oder erlösen will, und mir sind immer die Geschäfte die liebsten, bei denen **beide zufrieden** ihrer Wege gehen können. Oder, wie es zwei Damen mittleren Alters, die lange auf Bali gelebt hatten, am Stand einmal formulierten: „Flohmarkt kann ein Fest sein. Ein Fest der Kommunikation."

Verkaufen auf dem Flohmarkt

Nun widmen wir uns der Frage, wie man einen Verkaufstag so angenehm und effektiv wie möglich gestaltet.

Zunächst sieht man sich an, was man zu verkaufen hat. Handelt es sich vorwiegend oder ausschließlich um eine bestimmte Warenart, kann man überlegen, auf einen **Spezialmarkt** zu gehen, etwa für CDs oder Puppen. Dort ist die Standgebühr vielleicht etwas höher, dafür trifft man auf ein sehr interessiertes Publikum und kann höhere Preise ansetzen.

Gerade auch zum Verkauf von Kunsthandwerk sollte man besser einen speziellen **Kunsthandwerker-Markt** besuchen. Auf reinen Flohmärkten findet sich in der Regel nicht das hierfür interessierte Publikum in ausreichender Anzahl. Termine von Kunsthandwerker-Märkten finden sich in den gleichen Medien wie Flohmarkttermine.

Kunsthandwerker-Märkte sind zwar nicht so reichlich gesät und meistens mit einer weiteren Anfahrt verbunden, lohnen sich aber durch bessere Umsätze in jedem Fall. Und weil sie wirklich so gut sind, hier nochmals der Hinweis auf **www.etsy.com** und **www.dawanda.de** als Online-Alternativen.

Für den typischen Verkauf der überzähligen Schätze aus Keller und Boden empfiehlt sich ein gewöhnlicher, größerer Trödelmarkt.

Im **größeren zeitlichen Rahmen** gibt es einige Besonderheiten zu beachten, um den Verkaufserfolg zu optimieren. Zunächst verkauft es sich im Frühjahr am besten; die Leute kriechen aus dem Winterschlaf hervor und genießen das wiederkehrende Licht und die Wärme in vollen Zügen. Das wirkt sich auch auf den Konsum positiv aus. Eine ähnlich starke Nachfrage besteht vielleicht noch im Herbst, nach Innendekoration für die heimeligen Monate.

Der Sommer weist ein deutliches Sommerloch auf, sowohl auf Händler- wie auch auf Publikumsseite. Das liegt zum einen an den Großen **Ferien** und zum anderen an der Konkurrenz von Freizeitaktivitäten, die man nur bei Wärme wahrnehmen kann. Andererseits nehmen sich während der Schulferien auch verstärkt junge Familien die Zeit, einen gemeinsamen Verkaufstag einzulegen, und bereichern damit das Angebot um familientypische Waren wie Spielsachen und Kinderbücher.

Vor großen Festen kann man **Saisonartikel** sehr gut loswerden. Falls Sie also gerne basteln oder in Ländern mit niedrigen Einkaufspreisen Quellen für Oster- oder vor allem Weihnachtsartikel haben, können Sie in der Oster- und Adventszeit einfach den Umsatz steigern. Zum Verkauf im Winter komme ich gleich noch in einem gesonderten Abschnitt; es handelt sich hierbei um ein Erlebnis derart einschneidender Natur und Kälte, dass es ausführlicher Widmung bedarf.

Innerhalb des Monatsverlaufs hat sich gezeigt, dass die Erlöse auf dem Flohmarkt zu Beginn des Monats, nach Auszahlung der Löhne und Gehälter, am höchsten sind, wie überall. Gegen Ende des Monats, wenn einem selbst das Geld zur Neige geht und man versucht ist, sich durch einen spontanen „Notverkauf“ bis zum nächsten Gehalt durchzurobben, trifft diese Bedürfnislage leider auch beim Publikum auf dieselbe Situation.

Auf die Spitze getrieben wird man also am besten verdienen im Frühjahr, Anfang April oder Mai, außerhalb der Ferien und bei schönem, aber fürs Schwimmbad noch zu kaltem Wetter.

Die **Standgebühren** auf einem gut eingeführten Markt in stadtnaher Lage bewegen sich derzeit zwischen 5,00 und 20,00 Euro pro Meter. Es wird differenziert nach Trödel (ca. 5,00 bis 12,00 Euro pro laufendem Meter), Kunsthandwerk (8,00 bis 15,00 Euro) und Neuware (10,00 bis 20,00 Euro pro Meter).

Manchmal wird eine Grundgebühr von 5,00 bis 10,00 Euro erhoben, in der Regel auch eine Reinigungskaution von etwa 10,00 Euro, die man nach sauberem Verlassen des Standes wieder zurückbekommt. Hin und wieder werden die Preise auch nach Stand-Quadratmetern bemessen und bewegen sich dann in ähnlichen Dimensionen.

Das **Kunsthandwerk** nimmt, wie an der Preisstaffelung zu erkennen ist, eine Sonderstellung ein, wird nicht als Neuware eingestuft. Es wird allerdings auch meistens kein Unterschied gemacht, ob es sich um angekaufte oder selbst hergestellte Ware handelt.

Gastronomiestände, nebenbei bemerkt, haben in der Mehrzahl längerfristige Verträge und zahlen erheblich höhere Gebühren. Natürlich müssen für einen Gastronomiestand auch die üblichen amtlichen Genehmigungen vorliegen. Bei Interesse erkundigen Sie sich einfach bei der verantwortlichen Veranstaltergesellschaft.

Bei manchen Veranstaltern muss man seinen Stand zum Verkauf von Trödel im Vorfeld der Veranstaltung telefonisch oder online **reservieren**, bei anderen erscheint man einfach am Markttag vor Ort und platziert sich. Beides hat, wie immer, Vor- und Nachteile.

Kann man reservieren, so ist einem der reservierte Stand bis zu einer bestimmten Uhrzeit sicher. Danach darf er wieder frei an den nächsten Interessenten verkauft werden.

Auf Märkten, die von der **Kommune** selbst veranstaltet werden, ohne Zwischenschaltung eines gewerblichen Marktveranstalters, sind die Preise deutlich niedriger: hier fallen pro Stand (3-4 m) pauschal in der Regel 5,00 bis 10,00 Euro an. Es sei denn, es handelt sich um einen aus den Händen eines gewerblichen Veranstalters „rückeroberten" Markt, von denen ja bereits im Kapitel über die Märkte die Rede war. Hier behält die Kommune selbstverständlich das erreichte, deutlich höhere Preisniveau bei.

Lassen Sie sich einen Übersichtsplan des Marktes vorlegen und fragen Sie, an welchen Stellen der regeste Betrieb herrscht. Achten Sie insbesondere in der kalten Jahreszeit und bei schlechtem Wetter darauf, nicht irgendwo isoliert am Rande zu stehen.

Allerdings wird man das mindestens ein bis zwei Tage vorher tun müssen und dann vom Wetter überrascht werden können. Ein genaues Verfolgen der Wettervorhersage kann einen vor Unbill bewahren.

Solange allerdings das Wetter keine völlige Katastrophe ist, kann sich auch wieder ein **Vorteil aus etwas Regen** ergeben: Bei mehrdeutigem Wetter bevölkern lange nicht so viele Verkäufer den Markt wie bei strahlendem Sonnenschein. Solange dennoch genügend Besucher kommen, verteilt sich deren Erwerbspotenzial auf weniger Stände, wodurch der Einzelne natürlich mehr abbekommt. Außerdem wollen viele Leute, wenn sie schon bei Regen das Haus verlassen, wenigstens ein greifbares Ergebnis ihres nassen Beutezuges ergattern.

Zur besseren Disposition belegen einige Veranstalter **spontane Standbuchungen** mit einem **Preisaufschlag**. Wer erst am Veranstaltungstag selbst bucht, muss einen erheblichen Zuschlag von bis zu 50 % bezahlen. So soll dem Veranstalter ermöglicht werden, z.B. den Bedarf an vormontierten Ständen besser bestimmen zu können. Auf Wunsch und gegen Aufpreis ist auf größeren Märkten auch ein Stromanschluss am Stand zu haben. Dieser empfiehlt sich, wenn man größere Mengen elektrisch betriebener Geräte zu verkaufen hat und Kunden von deren Funktionsfähigkeit überzeugen will.

Muss man seinen Stand auf dem betreffenden Markt generell **nicht reservieren**, kann man zwar morgens die Nase aus dem Fenster halten und im Zweifel den Markt noch mal verschieben. Entscheidet man sich aber zu gehen, muss man dies zu früher Stunde tun, um nicht irgendwo in der Pampa zu stehen. Im Hochsommer stehen auf manchem Markt, der um 10:00 Uhr offiziell beginnt, schon bei Sonnenaufgang um 5:30 Uhr die Ersten bereit und sichern sich die bevorzugten Standplätze. Manchmal wird sogar schon ab dem vorherigen Abend die Nacht durch aufgebaut. Ein ziemlich deutsches Phänomen, wie ich meine.

Auf einigen Märkten werden **fertig vormontierte Stände**, sogar mit Dach aus fester Plane, auf Wunsch zur Verfügung gestellt. Die hierfür anfallenden Mehrkosten betragen zwischen 10,00 und 15,00 Euro und rentieren sich in der Regel durchaus. Einerseits erspart man sich so den Aufbau eigener Tische, andererseits kann man seine Waren auch noch dekorativer präsentieren. Und sie sind ein effektiver Schutz gegen Regen oder Hitze. Ohne Dach über dem Kopf kann einen an heißen Sommertagen schon mal der Hitzschlag treffen.

Erspart bleiben einem mit einem bereitgestellten Marktstand auch die häufigen **Revierkämpfe** mit dem Standnachbarn oder der Marktgesellschaft. Da wird um jede Handbreit gefeilscht, dem anderen Übervorteilung angelastet und manchmal auch zur Selbsthilfe gegriffen. Zu früher Stunde braucht so etwas eigentlich keiner, trotzdem vollziehen sich viele Aufbauten mit diesen begleitenden Mißtönen.

Bei Regenwetter befreit man die durchhängenden Planen der Dachkonstruktion von angesammeltem Regenwasser. Ich habe einmal ein Dach unter der Last des Wassers zusammenbrechen gesehen. Es stand auch gerade jemand darunter. Der konnte dann nach Hause gehen und sich komplett neu anziehen.

Sollte man ohne festes Dach über dem Kopf doch einmal im Regen stehen, bietet sich zum Schutz der Ware eine dünne, aber reißfeste durchsichtige **Plane** an, wie sie normalerweise zum Abdecken beim Streichen benutzt wird. Die Dinge bleiben weiterhin sichtbar und somit verkäuflich. Sobald der Regen abgeklungen ist, kann man sie wieder entfernen und Bücher und andere empfindliche Sachen haben keinen Schaden genommen.

Wenn man die Möglichkeit hat, hierauf Einfluss zu nehmen, sollte man beachten, auf dem richtigen Teil des Marktes zu stehen, also beispielsweise nicht mit edlen Antiquitäten auf dem Neuwaren- und Ramschteil. Professionelle Veranstalter beachten dies aber auch schon von sich aus, fragen im Zweifel nach der anzubietenden Ware, ohne dass man selbst darauf Acht geben muss.

Je nach den örtlichen Verhältnissen kann man sein **Auto am Stand** stehen lassen oder muss es, auf engeren Marktgeländen, bis zu einer bestimmten Uhrzeit entfernt haben. Angesichts des Aufwandes, den Entfernung, späteres Beiholen des Fahrzeuges und die zwischenzeitliche Bewachung der Ware bedeuten, keine ganz unerhebliche Unterscheidung. Bei Missachtung der Verkehrs- und Parkregelung droht der Abschleppwagen, und schnell endet der Markttag mit einem beträchtlichen Verlust und reichlich Ärger.

Einige Tipps für den **Aufbau eines eigenen Standes** und seine unmittelbare Umgebung: Es empfiehlt sich, den mitgebrachten Tisch parallel zum Gang aufzubauen, so tun es ja auch fast alle. Aufbau in die Tiefe, also mit einer schmalen Front zum Gang, spart zwar Standgebühr, die fast überall nach Frontmetern und nicht nach Quadratmetern bemessen wird. Es wird für potentielle Kunden aber viel unbequemer, das Warenangebot zu überblicken bzw. sie müssen vom Gang in die Standtiefe gehen, wovor sich viele scheuen.

Ein Tisch oder ein fertig bereitgestellter Stand sollte es auf jeden Fall sein. Die lose Präsentation in Kisten oder gar auf dem nackten Boden vermittelt vielleicht günstige Preise. Sie hinter lässt aber auch einen armseligen Eindruck, und die Kundschaft kann sich auch nur schwer ein Bild vom vorhandenen Sortiment machen.

Hinsichtlich der **eigenen Bekleidung** gilt jedenfalls das Gegenteil zum eher dezenten Outfit, das man als Käufer tragen sollte. Als Verkäufer sollte man darauf achten, einen jedenfalls gepflegten Eindruck zu machen. Am besten zieht man sich so gut an, dass die Assoziation des sozialen Aufstiegs mittels Konsums durchscheint. Viele Kunden wollen, wenn schon auf dem Flohmarkt, dann doch zumindest von jemand sozial besser Gestelltem kaufen.

Und – ganz wichtig – strahlen Sie **Freude** aus! Zeigen Sie, dass es Ihnen Spaß macht, zu verkaufen und dass ein kleiner Plausch am Rande mit Ihnen angenehm sein wird. Viele Verkäufer bringen sich durch eine miesepetrige Ausstrahlung selbst um den Lohn ihrer Arbeit, was natürlich zu einem *Teufelskreis* werden kann. Ziehe ich eine Flunsch, werde ich nichts verkaufen, deshalb noch unzufriedener werden usw. Bei Dauerregen oder nach einer (wie häufig vor Flohmärkten) viel zu kurzen Nacht kann das schon einmal schwer fallen, aber es ist einer *der* umsatzbestimmenden Faktoren schlechthin.

Ein paar Worte zum Tisch: Tapeziertische aus Sperrholz mit wackeligem Unterbau aus Stahlrohrgestell sind zwar günstig zu haben. Einerseits sind sie aber auch nur sehr eingeschränkt belastbar (da ursprünglich für Tapeten konzipiert), andererseits verschleißt der Unterbau bei häufigem Auf- und Abbau schnell, und nach wenigen Wochen muss der nächste Tisch gekauft werden. Ein zusammenbrechender Tapeziertisch kostet mehrfach Geld: sowohl für einen neuen Tisch als auch für die Ware, die beim Zusammenbrechen zerstört wird.

Empfehlenswert sind **stabile Allzwecktische** mit dicker Kunststofffläche auf einem robusten Aluminiumunterbau. Sie sind in 3 Meter Breite oder als 3 Elemente von je einem Meter im Baumarkt erhältlich und kosten inzwischen nur noch zwischen 40 und 50 Euro. Neuerdings haben findige Konstrukteure, sicher nicht zuletzt auch für die zahlreiche Trödelmarktklientel, filigrane und sehr ausgefeilte, leichtere Konstruktionen erdacht. Recherchieren Sie beispielsweise auf amazon.de einmal im Bereich Campingmöbel.

Der Gang vor dem Stand muss ausreichend breit frei gelassen werden. Hierzu verpflichtet einen bereits die Marktordnung aus polizeilichen Gründen. Bei steigendem Publikumsaufkommen bilden sich an Engpässen aber auch Staus, die zu Aggression führen und dazu, dass die Leute versuchen, so schnell wie möglich weiter zu kommen, an unserem Stand vorbei.

Besonders hinderlich ist in diesem Zusammenhang die immer wieder praktizierte Nutzung der Mitte des Ganges zur Präsentation von Waren. Abgesehen davon, dass hieran fast alle einfach nur schnell vorbei wollen, kann man über die dort platzierte Ware auch nur schwer den Überblick behalten. Und jede Erschwernis des Zuganges zum eigentlichen Stand kostet jedenfalls mehr Geld als diese Außenposten einbringen werden.

Ein nicht gleich offensichtlicher Zusammenhang ist mir kürzlich, nach so langer Zeit erst, aufgefallen. Wir leben, wie die meisten, in einem Land mit **Rechtsverkehr**. Auch als Fußgänger laufen wir in Fußgängerzonen rechts an den Läden entlang, Rundgänge durch Ausstellungen sind meist rechts herum angeordnet.

Als Konsequenz laufen auch Flohmarktbesucher in Standreihen rechts aneinander vorbei. Somit nähern sie sich unserem Stand von links kommend. Will man also eine Ware in die Pole Position stellen, platziert man sie am besten (von hinter dem Stand gesehen) rechts vorne auf dem Tisch, quer zum Gang. Die andere vordere Ecke wird beim zügigeren Vorbeigehen im toten Winkel nämlich nicht so intensiv betrachtet. Man mag solche Details für übertrieben halten, aber bei genauerem Hinsehen und im

Selbsttest hat sich diese Regel bestätigt.

Preist der Standnachbar seine Ware besonders hingebungsvoll an, so wird er dies wahrscheinlich auch den Rest des Tages nicht anders handhaben. Suchen Sie sich einen anderen Platz, solange Sie es noch können. Genauso nervenaufreibende Nachbarn sind CD-Verkäufer, die voluminös Kostproben ihres Repertoires zum Besten geben. Auch hier empfiehlt sich sofortiger Standortwechsel.

Ein Verkäufer auf einem meiner Stammmärkte trieb es ganz toll, indem er ein Megafon zum Verkünden benutzte. Das war zwar am Anfang wegen des ungewöhnlichen Kontextes des Geräts ziemlich lustig, begann aber sehr schnell den ganzen Markt zu nerven. Er bekam es umgehend von der resoluten Veranstalterin untersagt.

Ob man das Publikum ohne solche Verstärker generell anspricht, ist Geschmackssache und Frage des eigenen Temperaments. Ich persönlich werde in meinem konzentrierten Vorgang der Wahrnehmung prinzipiell nicht gerne angesprochen, schon gar nicht mit reißerischen Werbeparolen. Bei spezialisierten Ständen kann hingegen eine eingehende Ansprache sinnvoll sein, um die Besonderheiten und Unterscheidungen der einzelnen Variationen einer Warengruppe herauszustreichen.

Eine ganz schlechte Idee ist es, Bücherkisten oder gar Kleiderstangen so vor den Tisch zu stellen, dass alles dahinter im Zugang blockiert wird. Kleiderstangen gehören am besten neben oder hinter den Tisch. Bücherkisten stellt man auch nicht stiefmütterlich unter den Tisch, sonst muss man den schweren Inhalt komplett wieder mitnehmen. Bei ansonsten voller Tischfläche empfiehlt sich eine leicht unter, leicht vor dem Tisch gelegene Position für Bücherkisten.

Im Sitzen zu verkaufen mag einem auf den ersten Blick angenehm erscheinen. Im Vergleich zu 6 bis 8 Stunden auf den Beinen ist es das sicher auch. Aber es vermittelt einen weniger interessierten Eindruck am Verkauf, als wenn man sich mitten ins Geschehen stellt und mit den Käufern auf einer Kopfhöhe kommuniziert. Oder haben Sie im Kaufhaus schon mal eine Verkäuferin sitzen gesehen? Eben.

Die **Sonne**, so sie den Markttag versüßt, sollte einem entgegenscheinen und **nicht im Rücken** des Standes stehen. So hat man eine maximale Ausleuchtung, wird selbst vielleicht noch braun dabei und die Kundschaft ist nicht unangenehm geblendet.

Ein Blick auf den Boden hilft, sich des Untergrundes zu vergewissern. Matsch ist ungünstig, für einen selbst und für das Interesse am Stand. Solange er sich in Grenzen hält, kann man mit größeren Pappen, etwa nunmehr geleerten Umzugskartons, einen Großteil der Feuchtigkeit binden. Keinesfalls stellt man sich in Pfützen oder bei Regenwetter an Orte, die zu solchen zu werden drohen.

Am Sachsenhäuser Mainufer habe ich einmal bedingt erfolgreich eine dunkelschwarze Gewitterwand einige Stunden lang geleugnet. Als jene uns ereilte, habe ich eine Viertelstunde lang im katastrophalsten Guss meines Lebens gestanden. Der gesamte Uferbereich verwandelte sich in einen gemütlich dahinziehenden, zum Main parallelen Bach, aus dem es unter einigem Aufwand von Balance die nicht ohnehin schon weit weggeschwemmten Reste des Angebotes zu fischen galt.

Insbesondere **Kleidung** präsentiert man am besten **hängend**. So kommt der Schnitt am besten zur Geltung, und auch die Größe ist bereits ungefähr einschätzbar. Sofern man keine

Kleiderstange dabei hat, kann man Kleidung am Dach des bereitgestellten Standes aufhängen. Ist man mit dem eigenen Tapeziertisch unterwegs, können vielleicht Bäume in der unmittelbaren Umgebung genutzt werden, um eine Wäscheleine zu spannen. Hierbei setzt man selbstverständlich keine Nägel oder Schraubhaken zur Befestigung ein.

Kleidung, die wühltischgleich auf einen Haufen geschmissen wird, vermittelt zu leicht den Eindruck, praktisch umsonst zu haben zu sein. Das Publikum kennt diese Art der Präsentation aus billigsten Textil-Sonderpostenmärkten und, schlimmer noch, von den Altkleiderständen auf dem Flohmarkt und unterstellt daher dasselbe Preisniveau.

Verkauf im **Winter** erfordert besondere Vorkehrungen, sonst kann man seinen Gewinn gerade wieder in Grippemittel und Hustenbalsam investieren. Wenn es denn sein muss, zwischen November und Februar im Freien zu verkaufen, braucht man zuallererst richtig warme Kleidung. Eine Lage mehr als gedacht an Körper, Beinen und Füßen ist gerade genug. Kopf und Hände sind auch nicht ungeschützt zu lassen.

Zu meinen härtesten körperlichen Prüfungen gehörte es, im Januar und Februar bei 15 bis 20 Grad Minus acht Stunden lang Jeans zu verkaufen. Ich habe mich über die Jahre mit dergleichen recht gut abgehärtet und ernte heute manchmal Erstaunen angesichts recht luftiger Bekleidung bei niedrigen Temperaturen. Es ist schon für den Käufer, der nur ein Stündchen über den Markt schlendert, unzumutbar kalt. Verkaufen kann eigentlich nur, wessen Erwerbsnot noch bitterer ist als die Kälte.

Gegen Kälte vom gefrorenen Boden her hilft zusätzlich ein dickes Stück Pappe, am ehesten auch hier ein Karton. Ein überdachter Stand schützt gegen Schnee, Regen und deren Mischformen. An den Seiten- und Rückwänden befestigt man dicke Planen gegen den kalten Ostwind.

Gartenpavillons zum Aufbau eines eigenen Daches erdet man mit Heringen, oder mit wirklich schweren Gewichten. Der Anblick eines emporfliegenden Pavillons belustigt nur, solange es nicht der eigene ist. Für die Wärme von innen bereitet man sich eine Thermoskanne voll Tee oder Kaffee, wahlweise auch mit Wärmebeschleuniger.

Aber trotz aller Vorkehrungen tut man prinzipiell besser daran, im Winter den Flohmarkt einmal Flohmarkt sein zu lassen, ohne sich selbst aktiv daran zu beteiligen. Abgesehen von der bitteren Kälte machen einem auch die geringen Umsätze zu schaffen, die zur Frustration ihren Teil beitragen. Märkte, die im Sommer vor Publikum bersten, sind nun nahezu verwaist, nur ein Bruchteil der Stände ist überhaupt besetzt und die Kundschaft ist auch sehr überschaubar. Am besten konzentriert man sich im Winter darauf, seinen Warenbestand neu zu füllen und zu sichten. Dann wird man im Frühjahr auf einem einzigen Markt so viel umsetzen wie im Winter auf vier bis fünf.

Für die, die es gar nicht lassen können, besteht die Möglichkeit des winterlichen Rückzugs in die **Halle**. Hallenflohmärkte sind weniger zahlreich gesät, finden aber durch Abwesenheit anderer Freizeitmöglichkeiten zur Winterszeit regen Zuspruch. Das gilt für Händler wie Publikum, daher sollte man einen Platz auf einem Hallenflohmarkt immer frühzeitig buchen. Das rege Publikumsinteresse wird auch dadurch nicht gebremst, dass mancher Veranstalter zum Ausgleich der Hallenmiete einen Eintritt erhebt, allerdings nur geringe Beträge.

Hallenflohmärkte bieten sich nicht an für den Verkauf schwerer oder sperriger Waren; die Gänge sind eng gestellt und der Zugang oft nur über Rampen oder Ähnliches gewährleistet. Wegen der engen Verhältnisse sollte man hier besonders genau darauf achten, den Gang nicht durch Ware zu blockieren. Besucher sollten es hier natürlich besonders vermeiden, das gegenseitige Passieren durch Rucksäcke, Kinderwagen oder ähnliche Blockaden zu erschweren. Die Enge sowie das nicht ganz so zahlreiche Publikum machen Hallenflohmärkte für professionelle Händler, zumal solche von Neuware, unattraktiv, und daher findet man in der Halle fast ausschließlich private Verkäufer.

Auf Hallenflohmärkten sind oft die **Außenstände**, an der Wand entlang, **etwas teurer** als diejenigen in der Mitte der Halle. Einerseits kann man an den Wänden entlang selbige gleich noch zur Präsentation von Kleidung und Bildern etc. nutzen. Außerdem bekommen die Außenstände angeblich per se mehr Aufmerksamkeit, wohl nicht zuletzt durch die nach oben erweiterte Ausstellungsfläche.

Eine Zwischenlösung, die zumindest gegen die Nässe schützt und dennoch bequeme Erreichbarkeit des Standes mit dem Auto gewährleistet, sind Flohmärkte unter Parkdecks. Auf den Parkplätzen großer Einkaufsmärkte bieten sie Allwettertauglichkeit – die Temperaturen muss man jedoch auch hier ertragen. Zusätzlich kann es unangenehm ziehen und in der Mitte unter dem Parkdeck ziemlich dunkel sein, was den Absatz erschwert.

Der Winter empfiehlt sich, auch und gerade angesichts des Weihnachtsgeschäftes, zur regeren Aktivität auf eBay. In den Monaten Dezember und Januar ist eBay auf Käuferseite mit am besten frequentiert, was wahrscheinlich neben allgemeinem Mangel an Alternativbeschäftigung auch mit den vorgenannten Beeinträchtigungen des Flohmarkts durch Kälte zusammenhängt.

Verlassen wir den Bereich der klimatischen Widrigkeiten und widmen uns der **Feinarbeit am Stand**. Einmal aufgebaut wie zuvor beschrieben, drapieren wir nun die Ware darauf. Aber natürlich nicht irgendwie. Eine Grundsatzfrage ist der **Grad an Ordnung**, den der Stand aufweist. Militärische Strenge suggeriert einen Verkäufer, der genau Bescheid weiß, was er hat und bestimmen will, unter welchen Voraussetzungen er sich davon trennt. Chaotische Stände wecken eher die Assoziation günstiger Preise, denn der Verkäufer schätzt sein Hab und Gut selbst nicht hoch genug ein, um noch groß Arbeit in die Präsentation zu investieren.

Bei größeren Mengen gebrauchter Bekleidung braucht man sich die Mühe des Sortierens von vorneherein nicht zu machen. Die interessierte Kundschaft wird die Ware ohnehin in Nullkommanichts durcheinanderbringen.

Eine attraktive Basis bildet stets ein schönes **Tuch**, mit dem man den Stand auslegt. Es sollte nicht zu unruhig gemustert sein, damit man nicht von der Ware ablenkt. Fortgeschrittene stimmen das Muster des Tuches mit der angebotenen Ware ab, zum Beispiel indisches Ornamenttuch für asiatisches Kunsthandwerk oder ein quietschbuntes Tuch für Siebziger-Jahre-Design.

Interessant und dekorativ gerät auch immer ein Aufbau auf verschiedenen Ebenen; zum Beispiel kann man im hinteren Bereich des Tisches ein Podest aus leeren Kartons bauen und besondere Artikel exponiert darbieten. Diese Erweiterung nach hinten oben lässt sich fortführen, wenn das Auto am Stand verbleiben darf.

Motorhaube, Seiten und Dach des Fahrzeuges geben eine große Präsentationsfläche für Kleidung oder solche Ware ab, die aufgrund ihrer Größe den Tisch zu sehr einnehmen würde.

Sollte man insgesamt sehr viel Ware dabei haben und nicht alles gleichzeitig präsentieren können, fängt man am besten mit der lukrativsten Ware an und arbeitet sich nach und nach zum Bodensatz durch. Diesen kann man dann beim nächsten Mal, angereichert durch neue Schätze, feilbieten. Sofern man keine Lust haben sollte, sich noch mal auf den Flohmarkt zu stellen, findet man oft auch willige Kandidaten unter den „Gewohnheitstätern", die einem die Reste gerne abnehmen.

Der Aufbau kann, sofern man sich etwas Zeit nimmt und nicht von frühen Kunden in Anspruch genommen wird, ein sehr meditativer Vorgang sein. Alles erhält seinen Platz, seinem potenziellen Verkaufswert entsprechend, und die Ware fügt sich mit etwas Übung zu einem ästhetischen, harmonischen Ganzen.

Beachten Sie, dass jeder Artikel **ausreichend freien Raum** erhält, denn nur so kann er optimal seine Wirkung entfalten. Nur, was frei sichtbar steht, wird wahrgenommen, und je freier, desto besser. Es macht dann auch eher den Eindruck, weggenommen werden zu können, ja zu sollen, als wenn es in die Gesamtheit der Waren gepfercht erscheint.

Nach dem gelungenen Standaufbau kann man den **Blick taxierend** über die ausgelegte Ware **schweifen lassen**; wie viel will man für diesen Artikel, wie viel könnte jener einbringen? Auf diese Weise leistet man zweierlei: Zum einen bildet man sich konkrete Vorstellungen zum Preis einzelner Artikel. Das hilft, wenn es später ans Handeln geht, dieses als bewussten Prozess zu tun, etwas über dem vorgestellten Preis anzufangen und sich nicht zu weit drücken zu lassen. (**Wichtig**: Preise werden immer im vollen Brustton der Überzeugung genannt, nicht etwa fragend oder unsicher.)

Zum anderen kann man auch überschlagen, wie viel man am Ende des Flohmarktes eingenommen haben könnte. Man kann sich ein Ziel setzen. Dieses sollte weder zu niedrig noch zu hoch ausfallen. Ersteres führt am Ende vielleicht doch zu Frustration, weil man angesichts des niedrigen Zieles vielleicht Dinge zu günstig weggegeben hat. An zu hohen Zielen hingegen scheitert man leicht und ist erst recht frustriert.

Platzieren Sie zentral im Blickfeld einen besonders auffälligen Artikel als **„optischen Anker"**, an dem der Blick der Vorbeiziehenden hängen bleibt. Idealerweise handelt es sich hierbei um einen Artikel, der die Warengattung, die den Rest des Standes ausmacht, besonders typisch repräsentiert. Alternativ dazu kann man auch etwas inzwischen **Unbekanntes,**

Geheimnisvolles oder Kryptisches ganz vornan stellen: Ich nehme hierfür beispielsweise einen Krups Föhn Modell Solitair, der samt dazugehöriger Trockenhaube in den siebziger Jahren viel verkauft wurde oder ein Erdnussmännchen von WMF (ein zylindrischer Erdnussspender mit Gesicht, der wohl in etwa zur gleichen Zeit ein beliebtes Partygeschenk gewesen sein muss). Die erheiterte Frage „Was ist das denn?" kann man hervorragend als Anknüpfungspunkt für ein erfolgreiches Verkaufsgespräch nutzen.

Als optischer Anker dient zum Beispiel eine quietschorange Vase oder ein hellgrüner Lampenschirm an einem Stand für Design der 60er und 70er Jahre. Oder, generell gesprochen, am besten ein edler, ästhetisch anspruchsvoller Artikel, dessen Ausstrahlung dann wie von alleine auch die um ihn herum drapierten Artikel erfassen wird. Bedenken Sie, dass Sie auf einem großen Markt Hunderte von Konkurrenten haben und jemand, der eineinhalb Stunden auf einem Markt mit 500 Ständen verbringt, im Schnitt jedem Stand ganze **11 Sekunden** (!) seine Aufmerksamkeit widmen kann.

Wertvolle Ware platziert man besser im hinteren Bereich des Standes, da bekommt sie nicht so leicht Beine. Profis benutzen hierfür kleine Vitrinen und Schaukästen. Diese signalisieren freilich auch wieder mangelnden Willen, sich zu trennen, und wenn, zu gepfeffertem Preis.

Auch zum Thema Diebstahl eine Anekdote: Mir wurde, obgleich meine Sinne hierfür inzwischen sehr geschult sind, zuletzt vor ca. 2 Jahren etwas gestohlen; eine ältere, aufwändig bestickte Theatertasche, für die ich später immerhin noch 25 Euro erlöst habe.

Jedenfalls war die Tasche plötzlich weg, nach der beliebten Kinderwagen-Masche von einer Mutter in denselbigen zu ihrem Nachwuchs gesteckt. Glücklicherweise hatte meine Standnachbarin, ein Baum von einer Frau, aufgepasst und schoss binnen Sekunden hinter ihrem Stand hervor, zog der Diebin mit der flachen Hand deftig eine über und ergatterte die Tasche zurück, sehr zu meiner Freude ...

Öffnet man eine der vorgenannten Vitrinen und reicht dem Interessenten das begehrte Stück, so wird sich dieser nunmehr schwer davon trennen können. Der sinnliche Kontakt, den das Anfassen und Wiegen, Streicheln und Berühren des Gegenstandes darstellt, ist ein hervorragendes Mittel zur Verkaufsförderung.

Vitrinen und Schaukästen werden übrigens immer mal wieder von Schreinergesellen oder begabten Heimwerkern auf Floh- und Antikmärkten angeboten. Selbstverständlich sind sie hier viel billiger als im Handel und genauso gut gefertigt.

Teure und billige Ware sind auf jeden Fall in gesonderten Bereichen anzubieten, sonst erfasst die Assoziation des Wühltisches auch diejenigen Dinge, für die man etwas mehr Geld erzielen möchte.

Besteht diese wertvolle Ware aus **Glas oder Porzellan**, muss man unbedingt **Zeitungspapier** dabei haben, um sie einzuwickeln. Meist wird man dies bereits bei der Anfahrt bedacht haben und das Papier wieder verwenden können. Bereits kleinste Beschädigungen halten die anspruchsvollen Käufer(innen) dieser Waren vom Erwerb ab. Bestenfalls kann man fehlerhafte Stücke weit unter Preis verschleudern.

Ein weiterer ganz wichtiger Posten, den man niemals vergessen sollte, sind **Plastiktüten** in ausreichender Anzahl. Fast jeder fragt danach, seinen Neuerwerb in einer Tüte zu bekommen, einige erwarten dies sogar geradezu. Damit man nicht den nächsten Lebensmittelhändler durch Abzug seiner Vorräte verärgert, kann man ersatzweise auch kleine Mülltüten nehmen; diese sind auch billiger.

Bei **Kleidung** lohnt sich eine aufwendigere Vorbereitung immer: Gewaschene, gebügelte Kleidung, auf Kleiderbügeln angeboten, lässt sich mindestens doppelt so teuer verkaufen wie muffige, zerknitterte auf dem Wühltisch. Kleinere Mängel wie Risse oder fehlende Knöpfe sind jedenfalls zu beseitigen, da (berechtigter) Ansatzpunkt für Kritik und Preisdrückerei. Schuhe sollten frisch geputzt sein, auch andere Artikel aus Leder gefettet. Nicht umsonst putzen die Marktfrauen ihr Obst mit der Schürze.

Sehr schön und für Bekleidung sicher stark verkaufsfördernd nehmen sich Schaufensterpuppen, Torsi oder Köpfe derer aus. Nicht ganz einfach zu ergattern, aber sollten Sie einmal die Möglichkeit bekommen, greifen Sie unbedingt zu! Die Kaufentscheidung kann gerade bei teureren Modellen dadurch erleichtert werden, dass man einen ausreichend großen Spiegel bereithält, um Zweifeln an Schnitt oder Größe entgegenzuwirken. Auch ein Maßband reicht hier manchmal schon aus.

Bei **Elektroartikeln und Unterhaltungselektronik** empfiehlt es sich, zur Demonstration der Funktionsfähigkeit einige Batterien einzulegen. Auf jeden Fall sollte man sie vorher daheim durchgecheckt haben und dem Käufer gegenüber eine ehrliche Auskunft zur Funktion geben.

Gerade solche kleinen Betrügereien wie die unzutreffende Zustandsbeschreibung sind es, die viele Leute davon abhalten, bestimmte Warengattungen auf dem Flohmarkt zu kaufen. So kann man auf Dauer etwas für das Vertrauen in die eigene Ware und letztendlich den Flohmarkt als Ganzes tun.

Bücher, CDs und andere Medien bewahrt man am besten in Kisten passender Größe auf, und zwar mit dem Rücken, den Titel lesbar, nach oben vorne, zum Interessenten hin. So kann dieser seinen Blick schnell schweifen lassen, die CDs vielleicht auch hintereinander weg blättern, um das Frontlabel zu sehen. Keinesfalls stapelt man Medien übereinander; dies erschwert den Überblick sehr und vermindert das Interesse und somit den Verkauf merklich. CD-Stapel brechen auch gerne zusammen und hinterlassen Zerstörung und Frustration.

Neuware ist, wie bereits erwähnt, entweder verboten oder nur zu deutlich gesteigerten Standgebühren erlaubt. Möchte man aber dennoch einen Posten neuwertiger Artikel losschlagen, so platziert man einen davon als „Köder" und verweist bei Nachfrage auf den weiteren Bestand. Gegen ein, zwei Teile Neuware haben die Standkontrolleure selten etwas einzuwenden.

Es gibt auch Umstände, die einen zu einem bewussten, konzentrierten Standaufbau gar nicht erst kommen lassen. Wer schon einmal jemanden **aus seinem Kofferraum** gezogen hat, weiß, was ich meine. Einige können es nämlich gar nicht abwarten, das Angebot des Neuankömmlings zu begutachten. Wie selbstverständlich öffnen sie Kartons, durchwühlen sie und versuchen so, sich einen Wissensvorsprung gegenüber der erwerbenden Konkurrenz zu verschaffen. Lässt derjenige nach einmaliger Aufforderung nicht hiervon ab, darf man auch ruhig mal laut oder pampig werden und um erneute Vorstellung in einer halben Stunde bitten.

Insbesondere junge Frauen, die zwecks Ausdünnung der Garderobe mit modischer Kleidung auf den Markt gehen, und vielleicht noch so aussehen als hätten sie a) Geld für gute Klamotten und b) es nicht nötig, hierfür auf dem Flohmarkt noch viel zu nehmen, sind prädestinierte Opfer rapider Plünderungen. Bezahlt oder nicht – wer kann das noch sagen, wenn Dutzende wie die Geier an sich raffen, was geht?

Der Eindruck, hier gebe es etwas umsonst, kann so, zumindest bezogen auf einen Teil der „Kundschaft" völlige Wahrheit erfahren. Meine Tipps hierzu: Nehmen Sie mehrere Freundinnen mit, packen Sie die Sachen nach und nach aus, sichern Sie die Flanken Ihres Standes gegen unerwünschtes Eindringen und versuchen Sie vielleicht sogar bei derart hysterischem Interesse mal, die Sachen zu versteigern. Dann bleiben auf Dauer diejenigen weg, die glauben, alles für einen Euro haben zu können. Besonders gewiefte Verkäufer bauen inzwischen auch erst dann auf, wenn die lästigen Hyänen durchgezogen sind und sich am Aas der Überflussgesellschaft hinreichend geweidet haben.

Auch für Verkäufer, die viel in ihren Augen wertloses Zeug mit auf den Markt nehmen, an dieser Stelle noch ein Tipp, der bares Geld wert ist: Oft tendiert man dazu, seinen Trödel für **einen Euro** unters Volk zu werfen, nur damit er weg ist. Hier sollte man kurz innehalten und sich fragen, ob man nicht doch vielleicht zwei oder drei Euro verlangen kann. Bei konsequenter Anwendung sichert einem diese Methode in der Summe deutlich höhere Erlöse. Man sollte sich hierzu verdeutlichen, dass nicht nur man selbst die Sache loswerden will, sondern der potentielle Käufer durch seine Anfrage auch bekundet, dass er den Artikel haben will. Warum also nicht auch für ein paar Euro mehr? Auch Kleinvieh macht deutlich mehr Mist, wenn man es nicht unter Wert verkauft.

Beginnen Sie die Preisgestaltung bei Unsicherheit im Zweifel lieber etwas zu hoch. Besser, Sie handeln sich ein, zwei Mal Unverständnis ein und senken daraufhin die Preise, als Dinge weit unter Wert zu verkaufen. Noch besser ist es, man verschafft sich in den Wochen vor dem ersten Flohmarktverkauf einen Überblick, indem man gezielt bei solchen Verkäufern Preise anfragt, die ein dem eigenen vergleichbares Warenangebot haben. Bei diesen sollte dann allerdings nicht der Eindruck entstehen, ausgehorcht zu werden. Oder, wie bereits ausgeführt, Sie recherchieren auf eBay unter den bereits beendeten Angeboten, um sich ein Bild vom realistischen Preisrahmen zu machen.

Ohnehin sind es die **kleinen Dinge**, die den **Löwenanteil** des Umsatzes ausmachen. Gehen zwei Leute auf denselben Flohmarkt, der eine mit 100 Artikeln zu durchschnittlich 2 Euro und der andere mit 20 Artikeln zu je 10 Euro, wird ersterer fast immer den höheren Umsatz erzielen. Vorausgesetzt natürlich, die Waren sind, gemessen an den inzwischen bekannten Parametern im gleichen Maße als billig zu bezeichnen. Zwei Euro sitzen beim Flohmarktpublikum einfach viel lockerer als zehn.

Ich habe seit der Einführung des Euro beobachtet, dass (wie andernorts auch) oft die **Preise eins zu eins in Euro** transformiert wurden. Wenn man früher einen „symbolischen" Preis für etwas gezahlt hat, woran dem Verkäufer offensichtlich nicht viel lag, war das fast immer eine Mark. Heute ist es ein Euro. Genauso wird fast nur noch in Schritten von einem Euro gehandelt. Es ist selten, dass das Feilschen die Zwischenschritte in Cents erreicht. Hier besteht gerade bei großen Posten Ware zu kleinen Preisen, über die der Käufer nicht lange nachdenkt, einiges Potenzial.

Ein beliebter Anfängerfehler ist es auch, Sachen gegen Anzahlung wegzugeben. Anzahlung berechtigt dazu, dass der Artikel für eine gewisse Zeit (die man ausmachen sollte) reserviert am Stand verbleibt. Danach darf man als Verkäufer den Artikel frei verkaufen und dem ersten Interessenten seine Anzahlung wiedergeben. Den guten Glauben, jemand käme zum Entrichten des Restbetrages zurück, nachdem man ihm einmal die Ware gegeben hat, verliert man genau nach dem ersten Mal. Auch der Aussage unentschlossener Käufer: „Ich lasse es mir noch mal durch den Kopf gehen und komme auf dem Rückweg vorbei." ist wenig Glauben zu schenken. Eher stellt diese Floskel einen Versuch dar, das begonnene Verkaufsgespräch elegant abzubrechen.

Zu warnen ist auch vor der Akzeptanz außergewöhnlicher **Zahlungsmittel**. Mir wurden bereits etliche Fremdwährungen angeboten, ein goldener (?) Ring und ein (natürlich) ungedeckter Scheck. Solche Geschäfte gehen in der Regel nach hinten los.

Eine andere, grundsätzliche Frage ist, ob man seine Ware sichtbar mit Preisen, **Etiketten** also, auszeichnen soll. Das kommt, wie immer, darauf an. Niedrige Preise können anziehend wirken, umso mehr, wenn man sie offen darlegt. Hohe Preise schrecken prinzipiell ab, was aber angesichts vieler Nervensägen, die für alles unterschiedslos einen Euro zahlen wollen, manchmal gar nicht so schlecht sein muss.

Alles in allem würde ich es aber nicht empfehlen, denn zu den größten Vergnügungen auf dem Flohmarkt gehört doch das Feilschen, und mit Preisschildern vermittelt man eine grundsätzliche Starrheit der eigenen Preisvorstellung. Außerdem kann man ohne Preisschilder je nach Gesicht des Interessenten im Zweifel auch mal mehr verlangen.

Eine Ausnahme würde ich in Sachen Auspreisen machen: Gleichartige Artikel, die man zu einem günstigen Preis anbietet, kann man durch ein allgemeines Schild attraktiver machen (zum Beispiel „CDs Stück 3 €"). Zur besseren Übersicht findet sich am Ende des Buches eine differenzierte Checkliste all dessen, was einen Markttag zum Erfolg werden lässt.

Mit der Zeit wird durch den fortschreitenden Verkauf das Angebot auf der Tischfläche ausgedünnt. Wie in jedem Supermarkt auch sollte man dann darangehen und die Ware nachziehen, also aufgetane Lücken schließen und der verbleibenden Ware den größtmöglichen Platz verschaffen, um sie optimal zur Geltung zu bringen. So hat man immer etwas zu tun, auch wenn der Verkauf gerade ins Stocken gekommen sein sollte.

Bisher haben wir uns darum gekümmert, was wir auf welchem Markt anbieten, wie wir es platzieren und wie wir unseren Ertrag verbessern können. Aber **wann** verkauft man eigentlich **was**? Na klar, werden Sie sagen, wenn danach verlangt wird. Auch hier gibt es allerdings ein paar Faustregeln.

Zu Beginn des Marktes hat man es mit der anbrandenden Welle von Weiterverkäufern und passionierten Frühaufstehern zu tun. Hier geht erfahrungsgemäß schon einmal ein guter Teil der Ware über den Tisch. Dann folgt eine Kunstpause für die Stunden zwischen 9 und 11 Uhr. Ab dieser Uhrzeit beginnt die Kernverkaufszeit. Von nun an bis etwa kurz nach Mittag ist das Publikum am zahlreichsten und man macht guten Umsatz. Ab 13, spätestens 14 Uhr beginnt die Endzeitstimmung.

Jetzt passiert nicht mehr viel. Im Publikum finden sich jetzt auch mehr Leute, die einfach nur flanieren wollen. Diese ungefähren Verlaufsdaten unterliegen natürlich Schwankungen je nach Wetter und dem genauen Marktbeginn und –ende.

Von schweren und voluminösen Dingen und solchen, die man aus anderen Gründen nicht wieder mit nach Hause nehmen will, trennt man sich so bald als möglich. Hingegen gibt es Anderes, das erst auf sein Publikum warten muss. Besonders Lifestyle-Artikel wie Klamotten, aktuelle Musik oder Design verkaufen sich am besten gegen Nachmittag, wenn sich ihre Zielgruppe von den Strapazen der durchtanzten Nacht einigermaßen erholt hat und augenberingt über den Markt schlurft. Interessenten für solche Waren, die hierfür einen niedrigeren Preis zahlen wollen, als einem vorschwebt, kann man auf das Ende des Marktes vertrösten, auf den Fall, dass man keinen freigiebigeren Käufer gefunden hat.

Wenn man gerade mal gar nichts verkauft, also eine Nachfrageflaute durchstehen muss, kann man sich immer gut mit dem Angebot der umliegenden Stände beschäftigen. Nicht selten fängt zu umsatzschwachen Zeiten das große Tauschen und Verkaufen der Anbieter untereinander an.

Lassen Sie sich nicht gleich entmutigen, wenn gerade mal „nichts läuft". Das **Unstete des Verkaufs** gehört einfach dazu – genauso gut kann es sein, dass Sie binnen weniger Minuten den halben Tagesumsatz verbuchen können. Sind nämlich erst einmal Interessenten am Stand, glauben andere, sich hier etwas entgehen zu lassen und wollen auch mitmischen. Sofern Sie zu mehreren am Stand sind und gerade jemand Zeit hat, lassen Sie denjenigen doch mal als „Dummy" an Ihrem Stand wühlen und Kommunikation über Ihre Auslage beginnen.

Zu mehreren macht das Ganze natürlich allgemein viel mehr Spaß. Es wird dann bestimmt nie langweilig, und es ergibt sich eine Reihe weiterer Vorteile. Man kann sich die Standgebühr teilen oder bei bestandsstarken Kollektiven mehrere Stände nebeneinander mieten. Ein paar Augen mehr können auch gegen den unerwünschten Warenschwund nicht schaden, besonders, wenn man den Stand gerade mal wegen dringender Bedürfnisse verlassen muss.

Wer nicht auf den Markt mitkommt, kann vielleicht trotzdem Trödel beisteuern, den man dann in seinem Auftrag verscherbelt. Vorher sollte man zusammen die Dinge aussortieren, die selbst für den Flohmarkt nicht mehr geeignet sind. Vorhaltungen, einen ehemals geliebten Artikel zu billig verkauft zu haben, vermeidet man durch vorherige Preisabsprache.

Wenn man für mehrere verkauft, droht einem auch bei einem guten Gedächtnis der Überblick verloren zu gehen. Dagegen kann man die Dinge entweder in „Streifen" nebeneinander platzieren oder sie mit farbigen Punkten markieren. Getrennte Kassen sind, insbesondere aus Gründen des Wechselgeldes, unpraktisch. Besser man trennt die Einnahmen erst im Nachhinein und protokolliert vorher auf einer Liste, wer wie viel zu bekommen hat.

Es ergibt sich auch die Möglichkeit zum **Austausch** von z.B. Know-How gegen Mobilität: Ich verkaufe deine Sachen aufgrund meiner Erfahrung möglichst gewinnbringend, und dafür leihst du mir dein (größeres) Auto, damit ich alles zum Markt transportieren kann. Seitdem ich in meinem Bekanntenkreis verstärkt publik gemacht habe, dass ich des Öfteren auf dem Flohmarkt verkaufen gehe, wollen plötzlich alle mitkommen. Jeder erinnert sich irgendwelcher Schätze, die seit Jahren ungenutzt vor sich hin darben. Ein paar haben auch schon richtig Blut geleckt und entwickeln sich zu passionierten Flohmarktgängern.

Ganz besonders sinnvoll ist ein umfangreicher Verkauf natürlich vor einem geplanten **Umzug.** Man nehme: zwei Umzugskartons und einen Müllsack. Der erste Karton nimmt das auf, was in die nächste Wohnung mit soll. Der Müllsack alles, was nun wirklich wertlos und nicht mehr zu gebrauchen ist. Und der zweite Karton – richtig, da kommen die Sachen für den Flohmarkt rein. Meistens ist das eine ganze Menge.

Wenn man gut organisiert loszieht, ausreichend Getränke und Snacks dabei hat und auf einem mitgebrachten Radio (bei Standlautstärke) Musik hört, kann der Tag eigentlich nur gelingen. Auch Freunde, die selbst nicht verkaufen wollen, kann man informieren, damit sie einfach so vorbeikommen und zur Atmosphäre beitragen können. Und sollte es mit dem Verkauf einmal nicht so gut funktioniert haben, kann man sich immerhin freuen, noch genug für einen weiteren Verkaufstag übrig zu haben.

Man kann auch verkaufen, ohne jeglichen Stand zu reservieren oder jemanden am Stand für einen verkaufen zu lassen.

Wie denn das? werden Sie sich fragen. Manche Stände **kaufen** auch **an**. Vor allem in den Bereichen Medien, also CD, DVD oder Computerspiele für Spielkonsolen, aber auch Münz- und Briefmarkenstände sind hierfür offen. Man darf sich allerdings nicht zu arg über den Tisch ziehen lassen, auch wenn der Verkäufer natürlich von der entstehenden Spanne zum Verkaufspreis profitieren muss.

Für **Kinder** besteht fast immer die Möglichkeit, auf einem gesonderten Teil des Marktes gratis, also frei von Standgebühr, zu verkaufen. Da wechseln dann Comics, Plüschtiere und Spiele die kleinen Besitzer, die dabei erkenntlich noch mehr Spaß haben als die manchmal verbissen feilschenden Erwachsenen. Außerdem lernen sie den Umgang mit Geld und die angemessenen Preise für alles Mögliche kennen.

Ich habe einmal einem kleinen Jungen von etwa sechs Jahren ein Plüschtier für ein paar Mark abgekauft und mit einem Zehnmarkschein bezahlt. Er lief damit herum und hat ihn jedem ganz stolz gezeigt. So einfach können Freuden sein.

Abschließend noch ein paar Anregungen für die, die überlegen, regelmäßig verkaufen zu gehen und einen festen **Nebenverdienst** zu etablieren:

Zunächst sollte man sich **spezialisieren**. Besonders gut gehen immer Artikel aus den Bereichen Unterhaltungselektronik, Medien aller Art und Damenkleidung. Diese sind auch in großer Anzahl auf jedem Markt vertreten, daneben gibt es eine Vielzahl von Nischen. Jeder kann die seine finden. Wer Beziehungen oder Kontakte in ein Land hat, das günstig Schmuck oder attraktives Kunsthandwerk herstellt, sollte diese zum Import nutzen. Hier tun sich teilweise sehr hohe Gewinnspannen auf.

Ich zum Beispiel handele mit Accessoires der 50er bis 70er Jahre; Taschen, Schuhe, Wohnraumdesign wie Leuchter, Vasen und Küchenzubehör. Wegen des begrenzten Angebotes kann ich damit zwar nicht viel erlösen, aber mich reizt die fröhliche, bunte Ausstrahlung der damaligen Waren. Prinzipiell kaufe ich Waren, an denen mein Blick hängen bleibt, in der zumeist berechtigten Hoffnung, dass dann auch der Blick potentieller Käufer an ihnen hängen bleiben wird, wenn ich sie anbiete.

Kleine, leichte Sachen bieten mehrerlei Vorteile. Zuerst natürlich den einfacheren Transport, der bei größerer, schwererer Handelsware schnell einen Transporter notwendig macht. Des Weiteren sind kleine, leichte und daher meisten auch günstige Dinge leichter unter die Leute zu bringen, denn kleinere Beträge sitzen lockerer und leichte Ware lässt sich auch für den Käufer bequemer abtransportieren. Als nächsten, wichtigen Schritt sollte man sich klar werden über die Dimensionen, in denen man hiermit Geld verdienen kann und dass es immer nur ein Nebenverdienst sein wird.

Eine **Modellrechnung**: Ziel soll sein, zwei Mal im Monat 150 Euro zu verdienen, also 300 Euro Nebenverdienst zu erzielen. Hierzu muss man in den zwei Wochen vor dem Verkauf etwa vier Märkte abklappern, um genug rentable Ware zu niedrigen Preisen zu finden.

Angenommen, für den Ankauf geben wir insgesamt 30 Euro aus. Der Stand zum Verkaufen kostet noch mal 20 Euro. Im Verkauf erlösen wir 200 Euro. Bei einem Zeitaufwand von 4x2 = 8 Stunden für den Ankauf und 7 Stunden Markt für den Verkauf erlösen wir in 15 Stunden Arbeit 150 Euro, also 10 Euro pro Stunde, netto.

Das bewegt sich in dem Bereich, den man als Student für einen gut bezahlten Nebenjob bekommt. Allerdings braucht es auch hier eine gewisse Erfahrung, um beispielsweise die hohe Gewinnspanne zu erzielen. Wenn man sich eine Zeitlang damit beschäftigt hat, weiß man, welche der umliegenden Märkte sich aufgrund ihres niedrigen Preisniveaus eher für den Ankauf anbieten und wo man besser zum Verkaufen hingeht.

Außerdem kann man mit den genannten Größenordnungen nur kalkulieren zwischen März und Oktober. Von November bis Februar ist es in unseren Breiten eher eine Strafe denn ein Vergnügen, sechs bis acht Stunden stehend im Freien zu verbringen. Prämisse des Ganzen ist natürlich, dass man den dargestellten Aufwand treiben muss, um neue Ware herbeizuschaffen. Gesegnet, der mit einem Kanal versorgt ist, der ihm mühelos Nachschub sichert.

Günter Winter weiß (auf Seite 243) auch zum Anteil der **Zwischenhändler auf Flohmärkten** eine sorgsam recherchierte Antwort zu geben: Ihm zufolge sind **13,5%** derer, die auf Flohmärkten ankaufen, als Wiederverkäufer tätig, sei es erneut auf dem Flohmarkt oder über andere Vertriebswege wie eBay.

Wenn man sich entschieden hat, (zumindest halb-) professionell zu trödeln, sollte man sich auch Gedanken über einen **eigenen Marktstand** machen. Man kann entweder eine Stahlrohr- oder Holzkonstruktion, wahlweise auch mit Dach aus wasserdichter Plane, für einige hundert Euro erwerben. Adressen zu deren Bezug kann man den einschlägigen Magazinen entnehmen (Flohmarkt-Termine oder Trödler & Sammeln). Auch ein großer Marktschirm mit 3-4 Meter Durchmesser oder Breite schützt vor Nässe, kostet aber auch nicht viel weniger.

Wem das schon zu viel Investition ist, der kann mit einem Gartenpavillon aus dem Baumarkt anfangen, der für unter 50 Euro zu haben ist, allerdings auch windanfälliger und fragiler im Aufbau.

In letzter Zeit werden als Alternative zur gängigen, im Aufbau mühseligen Stahlrohrkonstruktion aus Dutzenden Einzelrohren auch besser entwickelte Lösungen angeboten. Beeindruckend fand ich eine Scherengitter ähnliche Konstruktion, die sich, im Material noch dazu ultraleicht, fast wie von selbst auseinander-

und auch wieder zusammenzieht. Hierfür muss man dann selbstverständlich wieder ein paar Euro mehr hinlegen.

Wer damit liebäugelt, **Wohnungen zu entrümpeln**, sollte sich vorher die gar schauerlichen Geschichten anhören, die eigentlich jeder mit diesem Metier Befasste zum Besten geben kann. Abgesehen von wirklich schwerer körperlicher Arbeit, die das besenreine Überlassen eines Wohnraumes bedeuten kann, stört nicht selten noch penetranter Leichengeruch die Entsorgungsarbeiten ... Allerdings kommt es ebenso von Zeit zu Zeit (eher selten) vor, dass sich eine doppelte Wand im Schrank oder die fast schon sprichwörtliche Matzratze als Hort der gesamten Barschaft der Verblichenen herausstellt.

Sollten Sie sich bereits noch eine Stufe weiter befinden und überlegen, aus dem Fundus ihrer jahrzehntelangen Fischzüge heraus, der bereits die Hälfte Ihres Eigenheims blockiert, einen **Trödelladen** zu eröffnen: Ein solcher Schritt will, wie jede Unternehmensgründung, sehr wohl überlegt sein. Unterhalten Sie sich auch hiervor so viel es geht mit Leuten, die es bereits versucht haben, erfolgreich wie erfolglos. Versuchen Sie, die Gründe für beide Alternativen herauszufinden. Bis Sie sich sicher sind, bleiben Sie lieber noch dem Flohmarkt treu.

Nicht wenige der Anträge auf Förderung mittels einer „Ich-AG", die in den letzten Jahren bei den Arbeitsagenturen gestellt wurden, bezogen sich, meist mangels Alternative, auf den Altwarenhandel.

Auch für alle, die nicht vorhaben, sich dem Flohmarkt professionell zu nähern, sondern einfach nur eine angenehme Zeit verbringen wollen, hoffe ich, dass es Sie jetzt mehr juckt, auf den Flohmarkt zu gehen als vor der Lektüre dieses Buches. Genießen Sie den Flohmarkt mit all seinen Facetten und den vielen Vorteilen, von denen ich einige ansprechen konnte. Sie werden bestimmt weitere finden.

Anhang: Checkliste, Preisverfallstabelle und Lesetipps

Checkliste für einen erfolgreichen Verkaufstag

Mitnehmen:
Stabiler Tapeziertisch
Tuch als Präsentationsgrundlage, nicht zu unruhig gemustert
Plastiktüten, einige Dutzend
Voluminöse Geldbörse für Kleingeld und Scheine
Wechselgeld auf mindestens 50 Euro
Bestätigungsschreiben der Marktgesellschaft für Reservierung, falls erhalten
Durchsichtige, dünne Plane in Größe des Standes gegen Regen

Evtl. Musik: Tragbarer CD-Player oder Kassettenrecorder
Ausreichend Akkus oder Batterien für den Recorder

Für Kleidung: Kleiderstange, ausreichend Kleiderbügel
Ein ausreichend großer Spiegel, alternativ ein Maßband
Kleidung vorher waschen bügeln, reparieren
Schuhe und Lederartikel fetten

Für Medien wie CD, DVD etc.: Kisten oder Displays
Evtl. Radio mit CD-Player zum Anhören
Auch für Bücher, Comics etc. empfiehlt sich eine attraktive Präsentation in Kisten

Für kleine, teure Waren wie wertvollen Schmuck oder Uhren evtl. eine Vitrine

Für zerbrechliche Waren wie Glas oder Porzellan: Zeitungspapier zum Einwickeln
Zur Präsentation sperriger Ware, die nicht körperlich mitgenom-

men werden kann: Fotos mit beschreibendem Text, am besten in Klarsichtfolie.

Bei schlechtem Wetter zusätzlich:
Plane zum Schutz der Wetterseite
Klemmen zum Befestigen der Plane und des Tuches
Kartons zum Auslegen nasser Bodenflächen

Bei Kälte zusätzlich:
Mütze, Schal, Handschuhe
Warme Unterwäsche
Zwei Paar Socken
Thermomatte zum Draufstellen, mindestens aber Karton
Thermoskanne mit Tee

Bei Hitze zusätzlich:
Kopfbedeckung gegen Hitzschlag
Wasser (viel!)
Sonnencreme

Näherungswerte für den Preisverfall bei verschiedenen Warengruppen

Die Angaben beziehen sich auf Artikel mit vollem Nutzwert und allenfalls geringen Gebrauchsspuren. Sammlerwert bleibt außer Betracht; es geht um reine Nutzgegenstände. Die **Prozentzahlen** geben nicht die Reduktion auf den Neupreis, sondern den **Restwert**, bezogen auf den Neupreis, an. Dieser bezieht sich auf den Verkauf durch einen privaten Händler an einem Stand mit gemischtem Trödel.

Warengruppe	**% des Neupreises**
Unterhaltungselektronik (TV, Audio ...)	30-60
Spielkonsolen und Spiele dazu	30-50
Porzellan	20-50
Tonträger (v.a. CDs)	30-40
Werkzeug, Sanitär, Elektro	30-40
Optik, Foto, Feinmechanik, Uhren	20-40
Haushaltsgeräte, Küchenartikel	20-30
Markenbekleidung und Designerware	20-30
Kleinmöbel, Dekoration	20-30
Videos	20-30
Bekleidung	10-20
Schuhe	10-20
Bücher	10-20

Wenn man sich überhaupt keine Vorstellung machen kann, welcher Preis der richtige ist, kann man immer auch vorher bei eBay nachsehen, zu welchem Preis dieser oder vergleichbare Artikel gehandelt werden. Ziehen Sie zur Bewertung beendete

Auktionen heran. Anfangs sind die Preise zu niedrig oder es hat noch überhaupt niemand auf den Artikel geboten.

Oder senden Sie, wie im Buch bereits angeboten, ein Digitalbild mit kurzer Qualitätsbeschreibung über meine Seite **www.flohmarktbuch.de** an mich. Ich werde Ihnen nach bestem Wissen und Gewissen antworten.

Auf dem gleichen Wege bin ich auch jederzeit offen für Anregungen, Kommentare und Kritik.

Meine persönlichen Lesetipps

Zu guter Letzt noch ein paar kurze Anmerkungen zu anderen Büchern zum Thema Flohmarkt und den damit verbandelten Themen Konsum und Wohnen. Falls Sie Blut geleckt haben und sich weiter mit diesem wahrlich weiten Feld auseinandersetzen möchten:

Diesem vor Ihnen liegenden Buch nicht unähnlich, aber ein Stück feuilletonistischer und auf den Erfahrungen einer US-amerikanischen Schriftstellerin fußend, ist „Flohmärkte" von Binnie Kirshenbaum, aus der generell empfehlenswerten Reihe „Kleine Philosophie der Passionen" aus dem dtv-Verlag. 107 Seiten, 8,00 Euro.

Einen aktualisierten, umfangreichen und ansprechend aufbereiteten Überblick über die europäische Trödelszene gibt das Buch „Die 100 schönsten Flohmärkte Europas" von Heidrun Grigoleit, erschienen im Battenberg Verlag. 170 Seiten, 14,90 Euro.

Optisch eintauchen in das Thema Wohngestaltung vom Flohmarkt kann man sehr gut mit zwei sich ähnlichen Werken: zum einen „Shabby Chic" von Rachel Ashwell und Glynis Costin aus dem Christian Verlag. 197 Seiten Bildband für günstige 9,50 Euro.

Zum zweiten mit dem brandneuen Bildband „Flohmarkt-Flair zuhause" von Emily Chalmers, Debi Treloar und Ali Hanan, das im Vergleich zu „Shabby Chic" in der Gestaltung opulenter ausfällt, allerdings auch bei 144 Seiten für Flohmarktpreise gewohnte Schnäppchenjäger stolze 19,90 Euro kostet.

Ich selbst habe im März 2008 ein humoristisch-kurzweiliges,

herzallerliebst gestaltetes Geschenkbüchlein zum Thema nachgelegt: „Das schlaue Buch vom Flohmarkt – Was der Profi alles weiß", im Knesebeck Verlag, 95 Seiten, gebunden, für 9,95 Euro.

Für Sozialwissenschaftler und alle, die sich von epischen Darlegungen über Erhebungsmethoden nicht abschrecken lassen, ist natürlich die im Buch mehrfach zitierte Dissertation interessant: „Trödelmärkte – Eine empirische Untersuchung zur sozialen und ökonomischen Struktur einer Institution privater Öffentlichkeit", von Günter Winter, erschienen im Cuvillier Verlag Göttingen, 1996, mit 268 Seiten plus Anhang für inzwischen günstige fünf Euro zu haben.

www.amazon.de listet bei Anfrage nach dem Thema „Flohmarkt" mehrere Dutzend Bücher aus den letzten Jahrzehnten, was beweist, dass das Thema fasziniert und immer wieder Anlass zu eingehender Auseinandersetzung war.

Interessant im Umfeld von Konsum, Wohnen und Wohndesign sind auch:

„Habenwollen" von Wolfgang Ullrich, das neben Entwicklung, Ästhetik und Dimensionen der Konsumkultur schonungslos und sehr differenziert die Mechanismen bei Produktion und Rezeption eines Kaufanreizes darlegt. Fischer Taschenbuch Verlag, 219 Seiten, für günstige 8,95 Euro zu haben zu wollen.

Die „Decorative Art" Bände vom Taschen Verlag, herausgegeben von Charlotte & Peter Fiell, die auf jeweils vielen Hundert Seiten für unschlagbare 9,95 Euro pro Band einen umfassenden Überblick zu Innenarchitektur, Möbeln und Wohnaccessoires jeweils eines Jahrzehnts des 20. Jahrhunderts geben und

„Deutsches Haus - Von einem, der auszog, das Wohnen zu lernen“ von Peter Richter, eine 224 Seiten starke, ketzerische Polemik zu den Wohngewohnheiten der Deutschen aus dem Goldmann Verlag, erschienen als Taschenbuch Anfang 2008 und für günstige 7,95 Euro zu erwerben.

Ich hoffe, ich habe zur Bereicherung Ihrer Gedanken beitragen können, wünsche weiterhin allzeit „Floh und Trödel gut“ und verbleibe bis zur nächsten Auflage

Ihr
Sebastian Münz

Röschen-Verlag

Autor: Frank Demant

ISBN-13: 978-3-9809915-0-6
Preis: 9,30 Euro / SFr. 17,70

Simon Schweitzer - immer horche, immer gugge

Eines Tages wird Simon Schweitzer, ohne daß er es merkt, mit einer Leiche konfrontiert. Und außerdem sind da noch die zwei bis dato ungeklärten Polizistenmorde an der Startbahn West und Maria von der Heide. Die mit der atemberaubenden Figur.

Autor: Frank Demant

ISBN-13: 978-3-9809915-1-3
Preis 9,30 Euro / SFr. 17,70

Simon Schweitzer - Geiseldrama in Dribbebach

Eines tristen Tages betritt Simon Schweitzer die Filiale der Teutonischen Staatsbank, um sich über deren widerlichen Gebührenpolitik zu beschweren. Doch dann gerät er unversehens in einen Überfall, der von Anfang an etwas seltsam anmutet und sich gar arg in die Länge zieht.

Autor: Frank Demant

ISBN-13. 978-3-9809915-2-0
Preis 9,30 Euro / SFr. 17,70

Simon Schweitzer - Tod im Ebbelwei - Expreß

Schurkische Kräfte aus Rußland und Italien versuchen, im Apfelweinland Sachsenhausen Fuß zu fassen. Doch haben sie nicht mit dem Widerstand der einheimischen Bevölkerung und dem Ebbelwei-Expreß gerechnet.

Röschen-Verlag

Autor: Frank Demant

ISBN-13: 978-3-9809915-4-4
Preis 9,30 Euro / SFr. 17,70

Simon Schweitzer - die Leiche am Eisernen Steg

Alles fängt ganz harmlos mit einer Leiche am Eisernen Steg an. Dann bekommt Laura Roth, seine Untermieterin, Besuch aus Berlin, und Herr Schweitzer wird in einen Fall verwickelt, dessen Wurzeln im Dritten Reich liegen.

Autor: Frank Demant

ISBN-13: 978-3-9809915-6-8
Preis 9,30 Euro / SFr. 17,70

Simon Schweitzer - Opium bei Frau Rauscher

Herr Schweitzer, Privatier aus Leidenschaft, lebt gerne in den Tag hinein. Die Nacht widmet er intensiv der Sachsenhäuser Kneipenszene. Um diese Ausschweifungen zu finanzieren, spielt er mit dem Gedanken, eine Detektei zu gründen.

Von einer Urlaubsbekanntschaft aus Laos erhält Herr Schweitzer seinen ersten Auftrag und wird versehentlich Zeuge eines Mordes aus Eifersucht. Doch je mehr Details die Frankfurter Kripo ans Tageslicht zerrt, desto weniger glaubt er an das, was er mit eigenen Augen gesehen hat.

Röschen-Verlag

Autor: Meddi Müller

ISBN: 978-3-9809915-9-9
Preis 11,95 Euro / SFr. 22,20

Der Gewürzhändler zu Frankfurt

Frankfurt Mitte des 17. Jahrhunderts. Arthur ist ein einfacher fahrender Händler entlang von Main und Rhein, bis ihm ein Unwetter Hab und Gut raubt. Er wird von einem Flörsheimer Gutsherren gerettet und verliebt sich in dessen Tochter Elisabeth. Nach einem Streit mit Arthur willigt Elisabeth in die von ihrem Vater arrangierte Hochzeit mit einem französischen Adligen ein. Zu diesem Zeitpunkt ist sie jedoch bereits schwanger. Als Elisabeths Ehemann von dem Kind erfährt, muss Arthur das Gut fluchtartig verlassen. Sein Weg führt ihn zurück in seine Geburtsstadt Frankfurt, in der er den Gewürzhandel erlernt und sich schnell in den Kreisen des gehobenen Bürgertums etabliert. Als er Elisa- beth und den gemeinsamen Sohn aus den Fängen des Adligen befreit, scheint das Glück perfekt. Doch die Ereignisse nehmen eine Wendung, die Arthur in sein größtes Abenteuer stürzen: Die Seereise nach Indien.

Autor: Frank Demant

ISBN-13: 978-3-9809915-3-7
Preis 10,00 Euro / SFr. 18,50

+++Tagesgeschäfte+++

Das vorliegende Buch beruht auf einer wahren Begebenheit, die sich im Umfeld des Autors zugetragen hat. Das couragierte Verhalten eines unbedeutenden Sachbearbeiters entwickelte sich zum wohl teuersten Mobbing-Fall in der Geschichte der Bundesrepublik Deutschland.

Es ist eine Hommage an all diejenigen, die trotz größter Repressalien den Blick für Recht und Unrecht nie aus den Augen verlieren.

Röschen-Verlag

Autor: Wolfgang Fienhold

ISBN-13: 978-3-9809915-8-2
Preis 9,80 Euro / SFr. 20,30

Die flambierte Frau

Ein Callgirl und ein Callboy werfen ihre Klamotten zusammen und betreiben ihre Jobs von der gemeinsamen Wohnung aus, welche auch Arbeitsplatz ist. Alles läuft perfekt an, doch als Liebe ins Spiel kommt, werden die Dinge komplizierter und immer schwerer, und es ist Schluss mit der scheinbaren Leichtigkeit des Seins. Die flambierte Frau ist ein Roman über Leidenschaft und Obsession, der in all den Jahren nach der Erstveröffentlichung nichts von seiner Originalität und suchterzeugenden Wirkung verloren hat. Ein zeitloser Klassiker, der buchstäblich unter die Haut geht.

Autorin: Anke Behrend

ISBN-13: 978-3-9809915-5-1
Preis 9,40 Euro / SFr. 17,30
190 Seiten

Fake Off!

Alex, vorzeigbare Single Anfang vierzig, träumt wie so viele von einem Leben zu zweit. Via Internet macht sie sich auf die Suche nach einem passenden Partner. Das Angebot scheint groß und verlockend. Doch halten die Kandidaten auch das, was sie virtuell versprechen? Die ersten Treffen sind ernüchternd, bis Listen2Me auftaucht. Und Alex wunderbar witzige Geschichten erlebt, die das Leben nicht besser schreiben könnte.

Röschen-Verlag

Autor: Wolfgang Fienhold

ISBN-13: 978-3-940908-00-1

Preis 9,80 Euro / SFr. 20,30

Kaputt in Frankfurt

Harry 1968: Er ist jung, groß, wild, unglaublich attraktiv, dazu mit einem außergewöhnlichen IQ ausgestattet, ein Spieler, Genießer, Biertrinker, Frauenversteher – kurz: ein Liebling der Götter. Für ihn gelten nur seine Regeln; er will alles und das sofort, als da wären Geld, Gold, schnelle Autos, Frauen, Partys, Sex, Drugs und Rock'n'Roll. Sein Leben ist eine Achterbahnfahrt zwischen Kick und Absturz. Die Frauen reiht er auf wie Perlen auf einer Kette, da gibt es die edel schimmernden echten und auch die hässlichen Imitate. Insbesondere interessieren ihn Unregelmäßigkeiten – jedenfalls lässt er keine Dame auf der Bettkante schmoren. Dass dies buchstäblich in die Hose gehen kann, beweist eine der Durchgeknallten, als sie seine Genitalien mit einer großen Schere tranchieren will. Aus purer Not würgt er sie, bis sie keinen Mucks mehr macht und, wie er annimmt, tot ist. Es folgt eine Flucht aus Deutschland mit dem ganz festen Entschluss, nun wirklich seriös zu schreiben. Natürlich kommt bei Harry alles anders, als er plant. Erneut ergeben sich Verwicklungen und Abenteuer.

Führungen in Frankfurt am Main

A wie Altstadt, B wie Börse, G wie Goethe-Haus ...
In Frankfurt gibt es jede Menge zu besichtigen. Möchten Sie mit der ganzen Familie die Stadt erkunden? Planen Sie einen Betriebsausflug? Oder suchen Sie ein ausgefallenes Geschenk für einen besonderen Anlass? Wenn Sie sich oder Freunden Frankfurt von seiner schönsten Seite zeigen lassen wollen, sind Sie hier genau richtig! Ob mit Velo-Taxi, zu Fuß oder im Bus – unterhaltsam und kurzweilig geht es durch die Stadt.

Neugierig geworden? Mehr Infos finden Sie hier:
www.fuehrungen-frankfurt.de

Kontakt: Stefanie Reimann   Spohrstraße 53   60318 Frankfurt a. M.

»Großstadtfilm im Gallus, Roadmovie auf der A661.«
Frankfurter Rundschau

Victors und Pauls Vorhaben, ihr Leben zu ändern, gerät in Turbulenzen, als Kisten-Rudi verschwindet, die sozialökologisch engagierte Ulrike schwanger wird und ein dubioses Paket befördert werden muß. Auf der Flucht vom Frankfurter Gallusviertel ins Gelobte Land Italien müssen sich unsere Helden neben diversen Verfolgern auch der Erkenntnis stellen, daß man irgendwann wegfahren muß, um ganz anders zu leben.

»Genial. Ein chaotisches ›Roadmovie‹ zwischen Suff und Slapstick, Kulturkritik und Katerfrühstück. Fröhlich und selbstironisch. Dieser mordsmäßige Spaß sei allen Frankfurtern empfohlen.« *Frankfurter Rundschau*

Martin Beer & Christoph Jenisch:
Ganz anders
Ein Roadmovie
199 Seiten, broschiert
14,– Euro
ISBN 978-3-930333-55-4

„Die verlorene Vergangenheit“
Ein spannender Kriminalroman von Stefan Bouxsein.
ISBN: 978-3-939362-01-2
Preis: 12,00 Euro

Die verlorene Vergangenheit verbirgt ein unsichtbares Netz, das in den 70er Jahren zwischen dem Ministerium für Staatssicherheit und dem Verfassungsschutz geknüpft worden ist.

Eine entführte Frau – für sie beginnt die Suche nach der Freiheit.
Ein ehemaliger Legionär – für ihn endet die Suche nach der Wahrheit.

Deutschland, Frankreich, Zaire: Ein Mann hinterlässt seine Spuren.

Siebels und Till nehmen die Spur auf und stoßen dabei auf einen ungeklärten Mordfall aus dem Jahr 1975. Je deutlicher die Spuren aus der Vergangenheit zum Vorschein kommen, desto verwirrender wird der Fall.

„Der Fluch des Andvari“
Ein Mystikkrimi von Thomas W. Krüger
ISBN-13: 978-3-9811467-0-7
Preis 10,95 Euro / SFr. 17,50

Folgen Sie Hannah Jenning auf der gefährlichen Suche nach dem legendären Goldschatz der Nibelungen und ihrer abenteuerlichen Fehde mit einem geheimnisvollen Orden rund um Worms und Mainz.

Erhältlich im Buchhandel oder direkt über www.ganthuarim.de